L'ESSENTIEL *du* CHOCOLAT

Ont participé à l'écriture des textes : Frédéric Bau, Vincent Bourdin, Thierry Bridon, David Capy, Fabrice David, Philippe Givre, Julie Haubourdin, Jérémie Runel et Ève-Marie Zizza-Lalu.

Toutes les photographies sont de Clay McLachlan, sauf celles pages 113 et 157 © Ginko.

Création graphique : Audrey Sednaoui

Mise en pages : Artimon - Gilles Ittel

Les recettes de ce présent ouvrage sont reprises en partie de l'*Encyclopédie du chocolat* © Flammarion, Paris, 2010.

Sous la direction de
Frédéric Bau
École du Grand Chocolat Valrhona

Avec la collaboration de
Julie Haubourdin

L'ESSENTIEL *du* CHOCOLAT

Photographies
Clay McLachlan

Flammarion

SOMMAIRE

TOURS DE MAIN

Fonte du chocolat   10

Tempérage   13

Moulage   17

Enrobage   18

Mousse au chocolat
avec/sans œufs   25/26

Crémeux au chocolat   29

ENVIE DE...

Coulant   37

Moelleux   63

Fondant   111

Croquant   135

Mousseux   159

*V*alrhona est une chocolaterie française qui fournit depuis 1922 un chocolat d'exception. Créée par un pâtissier pour les pâtissiers, Valrhona met toute son expertise, son exigence et sa passion au service des professionnels de la gastronomie depuis 90 ans pour faire de chaque dégustation un moment d'exception.

Choisi par les meilleurs chefs et artisans du monde pour sa grande palette aromatique régulièrement enrichie d'innovations, Valrhona a pour ambition de promouvoir l'épanouissement gastronomique en proposant des goûts différents de chocolat, uniques et reconnaissables, qui créent toujours plus de plaisir et d'émerveillement.

Dans un souci constant de dialogue et d'éthique, Valrhona s'appuie sur des relations de co-développement de longue durée avec les planteurs et les grands chefs, dans le respect des hommes et de la nature.

Catalyseur de tendances depuis plus de 20 ans, l'École du Grand Chocolat Valrhona invente, répertorie et conserve tous les savoirs et techniques des métiers du chocolat. Ses pâtissiers sillonnent le monde à la rencontre des professionnels pour échanger et transmettre dans une volonté permanente d'enrichissement mutuel.

TOURS
DE MAIN

FONTE DU CHOCOLAT

La fonte du chocolat obéit à certaines contraintes. Les respecter permet d'obtenir un chocolat liquide, prêt à l'emploi, qui servira de base à toutes sortes de recettes. À bannir absolument : la cuillerée d'eau dans le fond de la casserole pour « faciliter » la fonte ou la cuisson directe sur le feu.

Au bain-marie.

Sur une planche à découper, hachez le chocolat à l'aide d'un couteau-scie. Vous pouvez également utiliser des couvertures conditionnées sous forme de pastilles...

Mettez les morceaux de chocolat haché dans un récipient. Remplissez une casserole d'eau chaude en vous arrêtant à mi-hauteur. Placez le récipient au-dessus en vérifiant que celui-ci ne touche pas le fond de la casserole.

Mettez le tout à chauffer à feu doux, en prenant soin de ne pas faire bouillir l'eau.

Dès que le chocolat commence à fondre, mélangez régulièrement à l'aide d'une spatule souple (maryse) afin d'homogénéiser la fonte.

Au four à micro-ondes.

Mettez les morceaux de chocolat dans un récipient conçu pour le four à micro-ondes.

Faites chauffer 1 minute à 500 W maximum, arrêtez, mélangez avec une maryse et remettez le chocolat à chauffer pendant 30 secondes. Mélangez à nouveau et répétez l'opération jusqu'à ce que le chocolat soit complètement fondu.

TEMPÉRAGE PAR ENSEMENCEMENT

Cette méthode de tempérage repose sur l'ajout de pépites ou de pastilles de chocolat dans une masse de couverture fondue. Cet apport de chocolat cristallisé, stable, permet de faire redescendre naturellement la température. Il crée une cristallisation harmonieuse et se substitue à l'usage du marbre ou du bain-marie froid.

INGRÉDIENTS
400 g de chocolat

USTENSILES
1 thermomètre

Sur une planche, hachez 300 g de chocolat à l'aide d'un couteau-scie, ou mieux, utilisez du chocolat de couverture conditionné en fèves, palets ou pastilles. Mettez les morceaux de chocolat haché dans un récipient. Remplissez une casserole d'eau chaude en vous arrêtant à mi-hauteur. Placez le récipient au-dessus en vérifiant que celui-ci ne touche pas le fond de la casserole.

Faites chauffer la casserole à feu doux en prenant soin de ne pas faire bouillir l'eau.

L'utilisation du four à micro-ondes est possible, mais en position décongélation ou à la puissance de 500 W maximum.

Mélangez régulièrement à l'aide d'une maryse afin d'homogénéiser la fonte.

Contrôlez la température avec le thermomètre.

Lorsque la température a atteint 55/58 °C, retirez le chocolat du bain-marie. Réservez un tiers du chocolat fondu dans un bol au chaud. Ajoutez 100 g de chocolat minutieusement haché (ou mixé au robot) dans les deux tiers de chocolat chaud.

Remuez constamment. Le chocolat doit atteindre 28/29 °C pour un chocolat noir, 27/28 °C pour un chocolat au lait et 26/27 °C pour un chocolat blanc. Ajoutez progressivement le chocolat chaud réservé pour faire remonter la température. Vous devez atteindre 31/32 °C pour le chocolat noir, 29/30 °C pour le chocolat au lait et 28/29 °C pour un chocolat blanc ou coloré.

Retirez du bain-marie en mélangeant.

Bon à savoir

Si le chocolat est arrivé à bonne température et qu'il reste des morceaux de chocolat non fondus, n'hésitez pas à les enlever avant de faire remonter la température. En effet, si vous les laissez, le chocolat risquerait d'épaissir rapidement… on appelle ça le « vaselinage » dans le jargon professionnel. C'est un beurre de cacao trop cristallisé.

13

TEMPÉRAGE PAR ADJONCTION DE BEURRE DE CACAO

INGRÉDIENTS
200 g de chocolat de couverture (noir, lait, blanc ou coloré)
2 g de beurre de cacao réduit en poudre

Faites fondre le chocolat à 40/45 °C (au four à micro-ondes ou au bain-marie). Laissez refroidir le chocolat à 35 °C pour le chocolat noir, au lait, blanc ou coloré à température ambiante. Ajoutez alors 1 % de beurre de cacao (soit 2 g pour 200 g de chocolat par exemple).

Mélangez bien à l'aide d'une maryse et attendez que le chocolat atteigne 30 °C pour l'utiliser.

Astuce
Utilisez une cuillère-balance très précise afin de peser le beurre de cacao.

POURQUOI TEMPÉRER LE CHOCOLAT ?

Le tempérage est la clé de la réussite de vos petits chocolats, tablettes, moulages et décors. Car il ne suffit pas de faire fondre une tablette de chocolat pour qu'elle conserve ses qualités sous une forme différente (orangettes ou mendiants par exemple). Le cassant, le fondant et le brillant ne subsistent qu'à la condition de réaliser correctement le tempérage. Cela s'explique par la présence importante de beurre de cacao dans la composition du chocolat.

Cette matière grasse, complexe et capricieuse, a la particularité d'être fainéante ! Une fois fondue, elle est incapable de retrouver toute seule une forme cristalline stable. C'est-à-dire que les cristaux qui la composent sont « éparpillés », agglomérés entre eux et cela donne, entre autres, les fameuses tablettes aux volutes blanchâtres.

Non seulement ce n'est pas très esthétique (mais où est donc passé le somptueux brillant du chocolat ?) mais surtout, en prenant un carré de chocolat, vous n'entendez plus le « clac » net et franc si caractéristique des bonnes tablettes, et lorsque vous le dégustez, quelle déception ! Le chocolat n'est plus très fondant, il est parfois granuleux et le développement des arômes est bien moindre....

Pour remédier à cela, il suffit d'aider le beurre de cacao à trouver son capital de cristaux stables qui favoriseront sa bonne conservation... et permettront d'obtenir un chocolat cassant, fondant et brillant !

En bref, le tempérage n'est pas seulement une histoire d'esthétique, mais surtout une affaire de goût !

Astuces

Pour un tempérage « classique », faites fondre le chocolat jusqu'à 55/58 °C pour le chocolat noir, 45/50 °C pour le chocolat au lait, le chocolat blanc et coloré ou bien pour un tempérage au beurre de cacao, faites fondre à 40/45 °C pour le chocolat noir, blanc ou lait.

MOULAGE CLASSIQUE

INGRÉDIENTS
Chocolat tempéré, forcément plus que vous n'en utiliserez !

USTENSILES
Des moules
2 règles en aluminium ou en Inox, ou
1 grille de refroidissement pour gâteau
1 plaque recouverte de papier sulfurisé
1 couteau d'office
1 palette

Préparez votre matériel.

Nettoyez les moules avec du coton et de l'alcool à 90°.

Posez les règles d'écolier à section carrée en aluminium ou en Inox (ou une grille de refroidissement pour gâteau) sur une plaque recouverte de papier sulfurisé.

Versez le chocolat tempéré dans un grand saladier. Lorsque le chocolat est à la bonne température, remplissez entièrement le moule à l'aide d'une louche de façon à le tapisser sur toute la surface. Retournez-le au-dessus du saladier pour vider l'excédent de chocolat. Égouttez en agitant légèrement le moule et déposez-le en prenant appui sur les 2 règles ou sur une grille de refroidissement pour gâteau.

Lorsque le chocolat commence à cristalliser, retournez le moule et enlevez l'excédent de chocolat sur les bords du moule (« ébarbez ») à l'aide d'un couteau d'office afin que les bords soient nets (« arasez »).

Réservez les moules dans le réfrigérateur 30 minutes. Lorsque vous les sortez, attendez quelques minutes avant de les démouler.

Astuces

Pour plus d'épaisseur, dans le cas des grosses pièces, vous pouvez procéder à un deuxième remplissage après avoir ébarbé le moule.

Le fait d'ébarber est important car il permet au chocolat de se rétracter et favorise le démoulage.

Bon à savoir

Il faut dégraisser les moules avec du coton et de l'alcool à 90° pour éviter les traces qui seraient transférées sur le chocolat et provoqueraient des irrégularités sur l'aspect final du moulage.

ENROBAGE

L'enrobage d'un bonbon de chocolat consiste à emprisonner un intérieur (ganache, caramel, pâte de fruits, etc.) dans une fine couche de chocolat tempéré. Cette technique permet une meilleure conservation de l'intérieur et apporte une texture craquante associée à un goût chocolat.

INGRÉDIENTS
Chocolat tempéré, forcément plus que vous n'en utiliserez !

USTENSILES
1 plaque recouverte de papier sulfurisé
Papier absorbant
1 fourchette à tremper

Appliquez une fine couche de chocolat sur vos bonbons avec le chocolat tempéré (c'est-à-dire chablonner) afin de faciliter l'enrobage.

Placez le bonbon face chablonnée sur les dents d'une fourchette et déposez-le dans le chocolat tempéré. Appuyez légèrement avec l'extrémité de la fourchette afin d'immerger complètement le bonbon. Récupérez le bonbon avec la fourchette et retrempez 3 ou 4 fois le talon du bonbon afin de créer un phénomène de succion qui évitera d'avoir une couche trop épaisse de chocolat. Raclez ensuite la fourchette à tremper sur le bord du saladier de façon à obtenir une fine couche de chocolat.

Déposez délicatement le bonbon sur la plaque préparée. Éventuellement, utilisez une baguette chinoise pour le faire glisser.

Astuces
Attention, prenez soin de nettoyer très régulièrement la fourchette à tremper et la baguette chinoise. Si les ustensiles sont recouverts de chocolat, les bonbons collent et glissent difficilement.

Bon à savoir
Un bonbon de chocolat désigne en jargon professionnel un chocolat à croquer.

GANACHE À CADRER

INGRÉDIENTS
CHOCOLAT À DOSER SELON
LE POURCENTAGE DE CACAO :
335 g de chocolat noir 70 %
Ou 370 g de chocolat noir 60 %
Ou 500 g de chocolat au lait 40 %
Ou 650 g de chocolat blanc 35 %

25 cl de crème liquide entière
40 g de miel
70 g de beurre

USTENSILES
1 cadre à confiserie
1 plaque à pâtisserie

1 thermomètre
1 feuille de plastique
Ou 1 moule à gratin recouvert
de film alimentaire

Préparez votre matériel.

Déposez un cadre sur une plaque à pâtisserie recouvert d'une feuille de plastique (ou filmez un moule à gratin de film alimentaire).

Hachez le chocolat et faites-le fondre doucement au bain-marie ou au four à micro-ondes (position décongélation ou puissance 500 W en remuant de temps en temps).

Dans une casserole, faites bouillir la crème liquide entière avec le miel.

Versez lentement un tiers du mélange bouillant sur le chocolat préalablement fondu.

À l'aide d'une maryse, mélangez énergiquement en décrivant de petits cercles pour créer un « noyau » élastique et brillant. Incorporez alors le deuxième tiers, mélangez selon le même procédé, puis incorporez le troisième tiers selon la même méthode.

Dès que la ganache atteint 35/40 °C, ajoutez le beurre coupé en dés. Mixez afin de lisser et parfaire l'émulsion.

Coulez aussitôt dans le cadre ou le moule a gratin chemisé. Réservez la ganache cadrée idéalement à 16/18 °C, pendant la phase de cristallisation. Au bout de 12 heures, retournez-la sur une feuille de papier sulfurisé, retirez le cadre et la feuille de plastique (ou le film alimentaire) et chablonnez. Détaillez à la forme désirée. Poursuivez la cristallisation pendant 24 heures. Enrobez de chocolat tempéré.

Astuce

Si vous ne possédez pas de cadre à confiserie, vous pouvez utiliser un moule à gratin recouvert de film alimentaire.

PÂTE À CAKE AU CHOCOLAT

Toutes les poudres de cacao amer sont « mauvaises »... seule la couleur est importante.

INGRÉDIENTS
70 g de chocolat noir 70 %
120 g de beurre
6 œufs entiers
100 g de miel d'acacia

170 g de sucre semoule
100 g de poudre d'amande
160 g de farine
10 g de levure chimique
30 g de poudre de cacao amer

16 cl de crème liquide entière
7 cl de rhum

USTENSILE
1 moule à cake

Hachez le chocolat, coupez le beurre en morceaux et faites-les fondre doucement au bain-marie ou au four à micro-ondes (en position décongélation ou puissance 500 W en remuant de temps en temps). Dans un saladier, mélangez au fouet les œufs, le miel et le sucre. Ajoutez la poudre d'amande, la farine tamisée avec la levure chimique et la poudre de cacao ainsi que la crème. Incorporez le chocolat et le beurre fondus ainsi que le rhum.

Chemisez de papier sulfurisé un moule à cake. Versez la pâte au fond du moule. Faites cuire à 150 °C (th. 5) pendant environ 40 minutes et vérifiez la cuisson en piquant la lame d'un couteau dans le cake. Si la lame ressort propre, la cuisson est terminée.

Astuce
Vous pouvez cuire cette pâte sur une plaque à bûche. La cuisson sera alors différente : environ 10 minutes à 180 °C (th. 6).

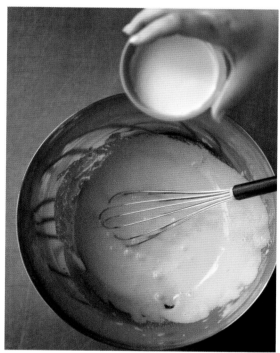

MOUSSE AU CHOCOLAT À BASE DE BLANCS D'ŒUFS

C'est la mousse de grand-maman avec une texture bien alvéolée. Elle est très riche en chocolat et offre une sensation de fondant et de douceur.

INGRÉDIENTS

CHOCOLAT À DOSER SELON
LE POURCENTAGE DE CACAO :
300 g de chocolat noir 70 %
Ou 330 g de chocolat noir 60 %

Ou 390 g de chocolat au lait 40 %
+ 3 g de gélatine
Ou 390 g de chocolat blanc 35 %
+ 6 g de gélatine
15 cl de crème liquide entière
3 jaunes d'œufs (60 g)

6 à 7 blancs d'œufs (200 g)
50 g de sucre semoule

USTENSILE
1 thermomètre de cuisine

Hachez le chocolat et faites-le fondre au bain-marie ou au four à micro-ondes (position décongélation ou puissance 500 W en remuant de temps en temps).
Si vous réalisez une mousse au chocolat au lait ou blanc, faites tremper la gélatine dans l'eau froide.
Dans une casserole, portez la crème à ébullition et, hors du feu, ajoutez si nécessaire la gélatine essorée. Versez lentement un tiers de la crème chaude sur le chocolat fondu. À l'aide d'un fouet mélangez énergiquement en décrivant de petits cercles pour créer un « noyau » élastique et brillant. Incorporez alors le deuxième tiers, mélangez selon le même procédé, puis incorporez le troisième tiers selon la même méthode. Ajoutez les jaunes d'œufs pour lisser l'ensemble.
Parallèlement, montez les blancs en neige avec le sucre. Lorsque le mélange chocolat a atteint 35/45 °C pour les mousses au chocolat au lait/chocolat blanc, ou 45/50 °C pour les mousses au chocolat noir, incorporez un quart des blancs montés, mélangez, puis incorporez délicatement le reste.
Réservez 12 heures au réfrigérateur.

Bon à savoir

Cette mousse ne se conserve pas au-delà de 24 heures, en raison de la présence des jaunes crus.

MOUSSE AU CHOCOLAT SANS ŒUFS

Une texture extrêmement légère à base de lait et de gélatine, qui révèle pleinement le chocolat utilisé. Elle a l'avantage de se consommer à la sortie du réfrigérateur.

INGRÉDIENTS
CHOCOLAT À DOSER SELON LE POURCENTAGE DE CACAO :
285 g de chocolat noir 70 %
+ 3 g de gélatine

Ou 330 g de chocolat noir 60 %
+ 4 g de gélatine
Ou 340 g de chocolat au lait 40 %
+ 5 g de gélatine
Ou 470 g chocolat blanc 35 %
+ 10 g de gélatine

25 cl de lait entier
50 cl de crème liquide entière

USTENSILE
1 thermomètre de cuisine

Faites tremper la gélatine dans un récipient rempli d'eau froide.

Hachez le chocolat et faites-le fondre au bain-marie ou au four à micro-ondes (position décongélation ou puissance 500 W en remuant de temps en temps).

Dans une casserole, portez le lait à ébullition, puis ajoutez la gélatine essorée.

Versez lentement un tiers du lait chaud sur le chocolat fondu. À l'aide d'une maryse, mélangez énergiquement en décrivant de petits cercles pour créer un « noyau » élastique et brillant. Incorporez alors le deuxième tiers, mélangez selon le même procédé, puis incorporez le troisième tiers selon la même méthode.

À la main ou au batteur, fouettez la crème bien froide pour lui donner une texture souple et mousseuse dite « montée mousseuse ».

Lorsque le mélange chocolat est à 35/45 °C pour les mousses au chocolat au lait/chocolat blanc, ou à 45/50 °C pour les mousses au chocolat noir, incorporez-le à la crème montée mousseuse en mélangeant délicatement à l'aide d'une maryse. Réservez au réfrigérateur environ 12 heures.

Bon à savoir
Idéale dans le cas d'une allergie aux œufs. Créée pour être mangée dans les pays chauds, elle doit être consommée immédiatement. Se conserve 1 ou 2 jours au réfrigérateur et se congèle très bien.

CRÉMEUX AU CHOCOLAT

Avec l'ajout du chocolat, le crémeux offre une autre base parfaite pour imaginer toutes sortes d'entremets gourmands aux textures variées.

INGRÉDIENTS
CHOCOLAT À DOSER SELON
LE POURCENTAGE DE CACAO :
190 g de chocolat noir 70 %
Ou 210 g de chocolat noir 60 %
Ou 250 g de chocolat au lait 40 %
Ou 225 g de chocolat blanc 35 %
+ 3 g de gélatine
5 jaunes d'œufs
50 g de sucre semoule
25 cl de lait entier
25 cl de crème liquide entière

USTENSILE
1 thermomètre de cuisine

Hachez le chocolat ou utilisez des pastilles, et faites-le fondre doucement au bain-marie ou au four à micro-ondes (position décongélation ou puissance 500 W en remuant de temps en temps).

Pendant ce temps, préparez la crème anglaise.
Dans un saladier, mélangez les jaunes d'œufs et le sucre. Versez ce mélange dans une casserole, avec le lait et la crème, puis faites cuire le tout à feu doux en remuant jusqu'à obtenir une cuisson à la nappe qui doit épaissir légèrement.
La température doit être comprise entre 82 et 84 °C. Pour faire un crémeux au chocolat blanc, ajoutez la gélatine préalablement ramollie à l'eau froide et essorée. Retirez du feu et coulez la crème anglaise dans un bol profond. Passez-la quelques secondes au mixeur plongeant pour obtenir une texture lisse et onctueuse. Versez lentement un tiers de crème anglaise chaude sur le chocolat fondu.
À l'aide d'une maryse, mélangez énergiquement en décrivant de petits cercles pour créer un « noyau » élastique et brillant. Incorporez alors le deuxième tiers, mélangez selon le même procédé, puis incorporez le troisième tiers selon la même méthode. Mixez pour parfaire et lisser l'émulsion. Versez dans un récipient, posez un film alimentaire directement en contact avec la préparation et réservez 1 nuit au réfrigérateur.

CRÈME PÂTISSIÈRE AU CHOCOLAT

Elle constitue notamment la base des éclairs au chocolat...

INGRÉDIENTS

85 g chocolat noir 70 %
Ou 95 g de chocolat 60 %

10 g de fécule de maïs
30 g de sucre semoule
2 jaunes d'œufs

22 cl de lait entier
5 cl de crème liquide entière

Hachez le chocolat et faites-le fondre doucement au bain-marie ou au four à micro-ondes (position décongélation ou puissance 500 W en remuant de temps en temps).

Dans un saladier, mélangez au fouet la fécule, le sucre semoule et les jaunes d'œufs.

Dans une casserole, faites bouillir le lait et la crème et délayez le mélange poudres/œufs avec une partie du liquide bouillant.

Portez le reste du lait et de la crème à ébullition, puis versez le précédent mélange dans la casserole et faites-le cuire à feu doux en prenant soin de remuer constamment avec un fouet jusqu'à épaississement de la masse. Continuez la cuisson quelques instants sans cesser de remuer, afin que la crème n'attache pas au fond de la casserole. La crème doit devenir plus crémeuse et surtout brillante.

Versez lentement un tiers de cette crème chaude sur le chocolat fondu. Mélangez énergiquement en décrivant de petits cercles pour créer un « noyau » élastique et brillant. Incorporez alors le deuxième tiers, mélangez selon le même procédé, puis incorporez le troisième tiers selon la même méthode. Mixez pour lisser et parfaire l'émulsion.

SAUCE CHOCOLAT

On l'utilise à toutes les sauces. Pour apporter la dernière touche à de nombreux desserts glacés, en accord avec les fruits, à commencer par la mythique poire au chocolat, pour couronner les profiteroles ou les banana split... La qualité du chocolat change tout !

INGRÉDIENTS
CHOCOLAT À DOSER SELON LE POURCENTAGE DE CACAO :
85 g de chocolat noir 70 %
Ou 90 g de chocolat 60 %
Ou 130 g de chocolat au lait 40 %
Ou 140 g de chocolat blanc 35 %
10 cl de lait entier

USTENSILE
1 thermomètre de cuisine

Hachez le chocolat et faites-le fondre doucement au bain-marie ou au four à micro-ondes (position décongélation ou puissance 500 W en remuant de temps en temps). Portez le lait à ébullition.

Versez lentement un tiers du lait bouillant sur le chocolat fondu. À l'aide d'une maryse, mélangez énergiquement en décrivant de petits cercles pour créer un « noyau » élastique et brillant. Incorporez alors le deuxième tiers, mélangez selon le même procédé, puis incorporez le troisième tiers selon la même méthode. Mixez quelques secondes. Réservez au réfrigérateur ou servez bien chaud.

Servez à 20/25 °C pour les sauces au chocolat au lait et chocolat blanc et à 35/40 °C pour les sauces au chocolat noir.

Astuces
Il est possible d'adoucir une sauce au chocolat noir en ajoutant du chocolat au lait ou un peu de sucre si nécessaire.

ENVIE DE...

COULANT

COULANT AU CHOCOLAT

6 - 8 PERSONNES | PRÉPARATION : 20 MIN | CUISSON : 10 - 12 MIN

INGRÉDIENTS

125 g de chocolat à 70 %
100 g de beurre + pour le moule
4 œufs entiers
145 g de sucre semoule
50 g de farine

USTENSILES

6 à 8 moules de 6 à 8 cm de diamètre

Beurrez les moules.

Hachez le chocolat et faites-le fondre doucement au bain-marie ou au four à micro-ondes (position décongélation ou puissance 500 W en remuant de temps en temps). Ajoutez le beurre.

Dans un saladier, faites blanchir les œufs et le sucre à l'aide d'un fouet. Ajoutez le mélange fondu, puis incorporez la farine en la tamisant. Versez dans les moules. Enfournez à 190 °C (th. 6/7) pendant 10 à 12 minutes environ.

Démoulez sur les assiettes et servez aussitôt.

COULANTS DE CHOCOLAT TIÈDE, BANANE CROUSTI-FONDANTE

6 - 8 PERSONNES | PRÉPARATION : 1 H 40 | RÉFRIGÉRATION : 1 NUIT | CUISSON : 15 MIN | CONGÉLATION : 1 NUIT

INGRÉDIENTS
1 paquet de sablés
(galettes bretonnes, spéculoos...)

COULANTS AU CHOCOLAT
160 g de chocolat noir 70 %
160 g de beurre + pour les moules
5 à 6 œufs entiers (280 g)
130 g de sucre semoule
80 g de farine

GRANITÉ AU CHOCOLAT
170 g de chocolat noir 70 %
65 cl d'eau
10 g de lait en poudre
125 g de sucre semoule
25 g de miel

COMPOTÉE DE BANANE
15 g de beurre
2 fruits de la Passion

2 à 3 bananes (240 g)
20 g de cassonade
6 cl de jus d'orange
2 tours de moulin de poivre de Sarawak

USTENSILES
1 poche à douille
Des cercles individuels
1 plaque à pâtisserie
Des verrines

La veille, préparez les coulants au chocolat. Hachez le chocolat et faites-le fondre doucement au bain-marie ou au four à micro-ondes (position décongélation ou puissance 500 W en remuant de temps en temps). Ajoutez le beurre et mélangez jusqu'à l'obtention d'une pâte homogène. Dans un saladier, mélangez les œufs et le sucre, incorporez la farine. Mélangez les deux appareils et réservez 1 nuit au réfrigérateur.

Réalisez le granité au chocolat.
Chauffez l'eau, le sucre et la poudre de lait et versez-en trois fois sur le chocolat préalablement fondu. Mixez pour parfaire la texture. Versez dans un plat sur 3 cm d'épaisseur et placez au congélateur 1 nuit, en remuant de temps en temps afin de former de beaux cristaux.

Le jour même, préparez la compotée de banane. Faites fondre le beurre au four à micro-ondes. Extrayez le jus des fruits de la Passion. Épluchez et émincez les bananes en rondelles pas trop fines. Mélangez le beurre fondu, la cassonade, les jus d'orange et de fruit de la Passion et ajoutez le poivre. Versez cette marinade sur les bananes et mélangez-le tout délicatement. Garnissez-en un plat à gratin et faites cuire au four à 200 °C (th. 6/7) pendant environ 6 à 8 minutes. Réservez à température ambiante.

Beurrez les cercles individuels avec du beurre en pommade. À l'aide d'une poche, dressez l'appareil dans les cercles posés sur une plaque à pâtisserie chemisée de papier sulfurisé. Faites cuire à 190 °C (th. 6/7) au four ventilé pendant 6 à 7 minutes. Pendant ce temps, dressez la compotée de banane dans des verrines et ajoutez le granité au chocolat par-dessus. Décorez de quelques morceaux de sablés

grossièrement écrasés. Réservez au congélateur, le temps de finir le dessert.

Sortez les coulants du four et après une trentaine de secondes, démoulez-les sur assiettes. Servez les desserts accompagnés des verrines glacées.

PÂTE À TARTINER MAISON

6 - 8 PERSONNES | PRÉPARATION : 30 MIN | CUISSON : 10 MIN

INGRÉDIENTS
40 g d'amandes entières mondées
160 g de noisettes entières non mondées
40 cl de lait entier

60 g de lait en poudre
40 g de miel d'acacia
150 g de chocolat au lait 40 %
150 g de chocolat noir 60 % ou 140 g de chocolat noir à 70 %

Torréfiez les fruits secs.
Enfournez les amandes et les noisettes à 150 °C (th. 5) jusqu'à l'obtention d'une belle coloration ambrée. Comptez environ 10 minutes.
Laissez refroidir et enlevez la peau des noisettes en les frottant dans vos mains.

Dans une casserole, mélangez le lait, le lait en poudre et le miel, puis faites bouillir le tout.

Dans la cuve du robot mixeur, broyez les amandes et les noisettes jusqu'à les réduire en pâte.

Hachez le chocolat au lait et le chocolat noir et faites fondre les morceaux au bain-marie ou au four à micro-ondes (position décongélation ou puissance 500 W en remuant de temps en temps). Ajoutez le chocolat dans le bol du robot, puis versez le mélange bouillant de lait et de miel. Mixez quelques instants. Passez au chinois et versez en pot.

PETITS POTS DE CRÈME AU CHOCOLAT, GELÉE DE CAFÉ

8 PERSONNES | PRÉPARATION : 20 MIN | CUISSON : 12 MIN | RÉFRIGÉRATION : 2 H 30

INGRÉDIENTS
CRÈME AU CHOCOLAT
140 g de chocolat noir 60 % ou 120 g
de chocolat noir 70 %
10 cl de lait
1 œuf + 1 jaune

GELÉE DE CAFÉ
2 g de gélatine en feuilles
10 cl de café fort expresso

USTENSILES
8 petits pots en verre
1 plat à gratin

Préparez les petits pots de crème au chocolat.

Hachez le chocolat et faites-le fondre doucement au bain-marie ou au four à micro-ondes (position décongélation ou puissance 500 W en remuant de temps en temps). Dans une casserole, faites chauffer le lait et arrêtez juste avant l'ébullition. Versez lentement un tiers du liquide bouillant sur le chocolat fondu. À l'aide d'une maryse, mélangez énergiquement en décrivant de petits cercles pour créer un « noyau » élastique et brillant. Incorporez alors le deuxième tiers, mélangez selon le même procédé, puis incorporez le troisième tiers selon la même méthode. Lorsque le mélange est lisse et onctueux, ajoutez les deux jaunes et le blanc.

Versez la crème dans les petits pots, couvrez-les de film alimentaire. Déposez-les dans un plat à gratin, ajoutez de l'eau à hauteur et enfournez à 140 °C environ 15 minutes.

Faites immédiatement refroidir les pots dans de l'eau glacée, et laissez prendre la crème au réfrigérateur.

Réalisez la gelée de café.

Faites ramollir la gélatine dans un récipient rempli d'eau froide. Préparez 10 cl de café fort type expresso. Essorez la gélatine et incorporez-la au café bien chaud pour la dissoudre. Versez dans un récipient sur une hauteur de 1 cm maximum. Laissez prendre 2 heures minimum au réfrigérateur. Coupez en petits dés.

Servez les pots de crème au chocolat bien frais, accompagnés de petits cubes de gelée de café.

CHOCOLAT CHAUD TRADITIONNEL

6 PERSONNES | PRÉPARATION : 10 MIN | CUISSON : 10 MIN

INGRÉDIENTS

85 cl de lait entier ou demi-écrémé
1 cuillerée à soupe de poudre de cacao amer
185 g de chocolat noir 70 %

Dans une casserole, portez à ébullition le lait et la poudre de cacao.

Hachez le chocolat et faites-le fondre doucement au bain-marie ou au four à micro-ondes (en position décongélation ou puissance 500 W en remuant de temps en temps).

Versez un tiers du liquide bouillant sur le chocolat fondu en fouettant de manière à obtenir une texture lisse, élastique et brillante, puis versez le reste du liquide en continuant à mélanger.

Mettez de nouveau à chauffer en fouettant vigoureusement de façon à obtenir une belle mousse légère et onctueuse.

CHOCOLAT CHAUD À L'AMANDE

6 PERSONNES | **PRÉPARATION : 15 MIN** | **CUISSON : 10 MIN**

INGRÉDIENTS

84 cl de lait entier ou demi-écrémé
50 g de pâte d'amande
160 g de chocolat noir 60 à 70 %

Dans une casserole, portez le lait à ébullition. Assouplissez la pâte d'amande en la mettant 40 secondes environ au four à micro-ondes. Mixez-la avec le lait. Hachez le chocolat et faites-le fondre doucement au bain-marie ou au four à micro-ondes (en position décongélation ou puissance 500 W en remuant de temps en temps).

Versez un tiers du liquide bouillant sur le chocolat fondu en fouettant de manière à obtenir une texture lisse, élastique et brillante, puis versez le reste du liquide en continuant à mélanger.
Mettez de nouveau à chauffer en fouettant vigoureusement, de façon à obtenir une belle mousse légère et onctueuse.

CHOCOLAT CHAUD AUX ÉPICES

6 PERSONNES | PRÉPARATION : 20 MIN | CUISSON : 10 MIN

INGRÉDIENTS

1 litre de lait entier ou demi-écrémé
2 g de mélange d'épices à pain d'épices
(dans le commerce ou de votre confection)

2 bâtons de cannelle
100 g de chocolat noir 60 %
100 g de chocolat au lait 40 %

Dans une casserole, portez à ébullition le lait avec les épices, retirez du feu et laissez infuser quelques minutes. Filtrez.

Hachez les chocolats et faites-les fondre doucement au bain-marie ou au four à micro-ondes (en position décongélation ou puissance 500 W en remuant de temps en temps).

Versez un tiers du liquide bouillant sur le chocolat fondu en fouettant de manière à obtenir une texture lisse, élastique et brillante, puis versez le reste du liquide en continuant à mélanger.

Mettez de nouveau à chauffer en fouettant vigoureusement, de façon à obtenir une belle mousse légère et onctueuse.

CHOCOLAT CHAUD AU THÉ EARL GREY

6 PERSONNES | PRÉPARATION : 20 MIN | CUISSON : 10 MIN

INGRÉDIENTS

80 cl de lait entier ou demi-écrémé
200 g de crème liquide entière
10 g de feuilles de thé Earl Grey
180 g de chocolat noir 65 %

Dans une casserole, portez à ébullition le lait et la crème, laissez infuser quelques minutes les feuilles de thé Earl Grey. Filtrez.

Hachez le chocolat et faites-le fondre doucement au bain-marie ou au four à micro-ondes (en position décongélation ou puissance 500 W en remuant de temps en temps).

Versez un tiers du liquide bouillant sur le chocolat fondu en fouettant de manière à obtenir une texture lisse, élastique et brillante, puis versez le reste du liquide en continuant à mélanger.

Mettez de nouveau à chauffer en fouettant vigoureusement, de façon à obtenir une belle mousse légère et onctueuse.

CHOCOLAT CHAUD NOISETTE

6 PERSONNES │ PRÉPARATION : 10 MIN │ CUISSON : 10 MIN

INGRÉDIENTS
80 cl de lait entier ou demi-écrémé
20 cl de crème liquide entière
20 g de pâte de noisette
250 g de chocolat au lait 40 %

Dans une casserole, portez à ébullition le lait, la crème et la pâte de noisette. Mélangez.
Hachez le chocolat et faites-le fondre doucement au bain-marie ou au four à micro-ondes (en position décongélation ou puissance 500 W en remuant de temps en temps).

Versez un tiers du liquide bouillant sur le chocolat fondu en fouettant de manière à obtenir une texture lisse, élastique et brillante, puis versez le reste du liquide en continuant à mélanger.
Mettez de nouveau à chauffer en fouettant vigoureusement, de façon à obtenir une belle mousse légère et onctueuse.

CAFÉ CON CHOCO

6 - 8 PERSONNES | PRÉPARATION : 15 MIN | CUISSON : 10 MIN | RÉFRIGÉRATION : 1 - 2 HEURES

INGRÉDIENTS
100 g de chocolat noir 70 %
40 g de chocolat au lait 40 %
50 cl de lait entier
30 cl de café expresso
Glaçons

USTENSILES
1 chinois
1 shaker

Hachez le chocolat noir et le chocolat au lait en morceaux et faites-les fondre au bain-marie ou au four à micro-ondes (position décongélation ou puissance 500 W en remuant de temps en temps).

Portez le lait à ébullition. Versez lentement un tiers du liquide bouillant sur le chocolat fondu. À l'aide d'une maryse, mélangez énergiquement en décrivant de petits cercles pour créer un « noyau » élastique et brillant. Incorporez alors le deuxième tiers, mélangez selon le même procédé, puis incorporez le troisième tiers selon la même méthode. Passez au chinois et réservez au réfrigérateur.

Préparez le café expresso, puis versez-le dans un shaker. Ajoutez des glaçons, et faites refroidir et mousser le café. Dans le shaker, ajoutez le chocolat froid, puis mélangez à nouveau. Au moment de servir, dressez la boisson avec les glaçons dans les verres.

CHOCOLAT THÉ

6 PERSONNES | PRÉPARATION : 20 MIN | CUISSON : 10 MIN

INGRÉDIENTS
140 g de chocolat noir 70 %
50 cl d'eau

25 g de thé noir
6 cl de lait concentré sucré

Hachez le chocolat et faites-le fondre doucement au bain-marie* ou au four à micro-ondes (en position décongélation ou puissance 500 W en remuant de temps en temps).

Faites chauffer l'eau. Versez l'eau frémissante sur le thé et laissez infuser pendant 5 minutes avant de filtrer.

Versez un tiers du thé bouillant sur le chocolat fondu en fouettant de manière à obtenir une texture lisse, élastique et brillante, puis versez le reste du liquide en continuant à mélanger.

Ajoutez enfin le lait concentré sucré froid et faites mousser au mixeur plongeant ou au blender. Dégustez aussitôt.

CONFITURE TRÈS CHOCO-LACTÉE

6 - 8 PERSONNES | PRÉPARATION : 40 - 60 MIN | CUISSON : 30 MIN

INGRÉDIENTS
80 cl de lait entier
20 cl de crème liquide entière
300 g de sucre semoule
150 g de sirop de glucose
$^1/_2$ gousse de vanille
50 g de miel
100 g de chocolat au lait 40 %

USTENSILES
1 thermomètre de cuisine
Petits pots à confiture

Dans une casserole, portez à ébullition le lait, la crème, le sucre, le sirop de glucose, la demi-gousse de vanille grattée et le miel pendant environ une demi-heure, jusqu'à ce que le mélange caramélise légèrement et nappe la spatule (soit à une température d'environ 102/103 °C). Retirez la vanille.

Hachez le chocolat et faites-le fondre doucement au bain-marie ou au four à micro-ondes (en position décongélation ou puissance 500 W en remuant de temps en temps), puis ajoutez-le à la préparation. Garnissez aussitôt les pots et réservez au réfrigérateur (maximum 8 jours).

FONDUE AU CHOCOLAT NOIR

6 - 8 PERSONNES | PRÉPARATION : 40 MIN | CONGÉLATION : 3 HEURES

INGRÉDIENTS
21 cl de lait
15 cl de crème liquide entière
15 cl de café

20 g de sirop de glucose
20 g de miel
$^1/_2$ gousse de vanille
375 g de chocolat noir 70 %

GARNITURES
Guimauves
Pâte de fruits
Macarons
Fruits frais

Préparez la fondue au chocolat noir.
Dans une casserole, portez le lait à ébullition avec la crème, le sirop de glucose et le miel. Fendez la gousse de vanille et grattez l'intérieur pour en extraire les grains. Laissez infuser la gousse. Hachez le chocolat et faites-le fondre doucement au bain-marie ou au four à micro-ondes (position décongélation ou puissance 500 W en remuant de temps en temps). Versez lentement un tiers du café bouillant sur le chocolat fondu. À l'aide d'une maryse, mélangez énergiquement en décrivant de petits cercles pour créer un « noyau » élastique et brillant.

Incorporez alors le deuxième tiers, mélangez selon le même procédé puis ajoutez le troisième tiers selon la même méthode.

Versez la fondue dans des bols. Conservez au réfrigérateur ou utilisez tout de suite à une température comprise entre 42/45 °C.

CŒUR DE TRUFFES

8 PERSONNES | PRÉPARATION : 1 H | RÉFRIGÉRATION : 3 H

INGRÉDIENTS
ENROBAGE
300 g de chocolat noir 70 %
Poudre de cacao amer

GANACHE AU CHOCOLAT NOIR
225 g de chocolat noir 70 %
1/2 gousse de vanille
20 cl de crème liquide entière
40 g de miel d'acacia
50 g de beurre

USTENSILES
1 thermomètre de cuisine
1 poche munie d'une douille de ø 2 cm
1 plaque à pâtisserie
1 fourchette à tremper

Réalisez la ganache au chocolat noir.

Hachez le chocolat, et faites-le fondre doucement au bain-marie ou au four à micro-ondes (position décongélation ou puissance 500 W en remuant de temps en temps). Fendez la demi-gousse de vanille et grattez l'intérieur pour en extraire les grains. Dans une casserole, portez la crème à ébullition avec le miel et la demi-gousse de vanille. Filtrez.

Versez lentement un tiers du mélange bouillant sur le chocolat fondu. À l'aide d'une maryse, mélangez énergiquement en décrivant de petits cercles pour créer un « noyau » élastique et brillant. Incorporez alors le deuxième tiers, mélangez selon le même procédé, puis incorporez le troisième tiers selon la même méthode. Dès que la ganache a atteint 35/40 °C, ajoutez le beurre coupé en dés, puis mixez pour lisser et parfaire l'émulsion. Laissez cristalliser 3 heures au réfrigérateur.

Réalisez des boules à l'aide d'une poche à douille. Puis, dès que la texture vous le permet, roulez les truffes à la main.

Préparez l'enrobage.

Tempérez le chocolat noir (voir p. 13). Versez le chocolat tempéré dans un grand saladier. Disposez la poudre de cacao dans une assiette. À l'aide d'une fourchette à tremper, procédez à l'enrobage des truffes. Appuyez légèrement avec l'extrémité de la fourchette afin d'immerger complètement la truffe. Récupérez la truffe avec la fourchette et retrempez 3 ou 4 fois la truffe, afin de créer un phénomène de succion qui évitera d'avoir une couche trop épaisse de chocolat. Raclez ensuite la fourchette à tremper sur le bord du saladier, de façon à obtenir une fine couche de chocolat.

Déposez délicatement la truffe dans la poudre de cacao. Roulez-la immédiatement. Laissez cristalliser les truffes dans la poudre de cacao et tamisez.

MOELLEUX

FORÊT-NOIRE

6 - 8 PERSONNES | PRÉPARATION : 2 H | CUISSON : 10 MIN | RÉFRIGÉRATION : 1 H

INGRÉDIENTS

BISCUIT AU CHOCOLAT
4 œufs (2 entiers + 2 séparés)
75 g de sucre semoule
30 g de cassonade
25 g de farine
20 g de poudre de cacao amer

IMBIBAGE KIRSCH
300 g de sirop de griottes
4 cl de kirsch

CRÈME LÉGÈRE AU KIRSCH
2 g de gélatine en feuilles
1 gousse de vanille
200 g (20 cl) de crème liquide entière
15 g de sucre semoule
2 cl de kirsch
1 bocal de griottes au sirop (200 g)

GANACHE AU CHOCOLAT NOIR
135 g de chocolat noir 60 %
15 cl de crème liquide entière

DÉCORATION
Tuiles de chocolat du commerce ou autre (billes en chocolat, « sarments du Medoc »...)
Sucre glace

USTENSILES
1 plaque à pâtisserie
1 cercle de ø 16 cm
1 pinceau

Réalisez le biscuit au chocolat;

Dans un saladier, fouettez 2 jaunes d'œufs, 2 œufs entiers et le sucre. En parallèle, montez les 2 blancs d'œufs avec la cassonade. Mélangez progressivement ces deux appareils, ajoutez en pluie la farine et la poudre de cacao tamisées ensemble. Coulez sur une plaque à pâtisserie et faites cuire à 180 °C (th. 6) pendant 7 à 8 minutes.

Réalisez la crème légère au kirsch.

Faites ramollir la gélatine dans un récipient rempli d'eau froide. Fendez la gousse de vanille et grattez l'intérieur pour en extraire les grains. Dans une casserole, faites chauffer 3 cuillerées à soupe de crème liquide pour y dissoudre la gélatine égouttée.
Pendant ce temps, fouettez la crème liquide entière avec le sucre et les grains de vanille. Juste avant d'obtenir une texture chantilly, incorporez la crème/gélatine et le kirsch. Continuez à fouetter jusqu'à obtenir une crème Chantilly légère.

Préparez le sirop d'imbibage.

Égouttez les griottes au sirop dans une passoire une demi-heure avant utilisation. Récupérez le sirop des griottes et ajoutez le kirsch.
À l'aide d'un cercle de 16 cm de diamètre, découpez 3 disques de biscuit au chocolat. Placez le premier disque sur une grille à pâtisserie et imbibez-le du sirop de kirsch à l'aide d'un pinceau. Étalez à l'aide d'une spatule la moitié de la crème légère au kirsch, puis répartissez régulièrement la moitié des griottes. Déposez un second disque de biscuit et répétez l'opération. Finissez avec le troisième disque de biscuit. Réservez au réfrigérateur.

Préparez la ganache au chocolat noir (voir p. 21).

Versez sur le gâteau pour le glacer entièrement. Réservez au réfrigérateur 1 heure.

Disposez les tuiles de chocolat sur la ganache, de
façon à recouvrir entièrement le gâteau. Saupoudrez
légèrement de sucre glace.

MARBRÉ CHOCOLAT-VANILLE

6 - 8 PERSONNES | PRÉPARATION : 20 MIN | CUISSON : 50 MIN - 1 H

INGRÉDIENTS

APPAREIL VANILLÉ

8 jaunes d'œufs
220 g de sucre semoule
12 cl de crème liquide entière
1 gousse de vanille
165 g de farine
3 g de levure chimique
65 g de beurre

APPAREIL CHOCOLAT

70 g de chocolat noir 70 %
4 jaunes d'œufs
120 g de sucre semoule
7 cl de crème liquide entière
80 g de farine
5 g de poudre de cacao amer
2 g de levure chimique
20 g d'huile de pépin de raisin

USTENSILES

1 moule à cake de 8 x 30 x 8 cm
2 poches à douille

Confectionnez l'appareil vanillé.

Dans un saladier, mélangez les jaunes d'œufs et le sucre, ajoutez la crème. Fendez la gousse de vanille, grattez l'intérieur pour en extraire les grains et ajoutez-les à la préparation. Incorporez la farine et la levure chimique en la tamisant, puis ajoutez le beurre fondu. Réservez.

Réalisez l'appareil chocolat.

Hachez le chocolat et faites-le fondre doucement au bain-marie ou au four à micro-ondes (position décongélation ou puissance 500 W en remuant de temps en temps). Dans un saladier, mélangez les jaunes d'œufs et le sucre, puis ajoutez la crème. Incorporez la farine, la poudre de cacao et la levure chimique en les tamisant ensemble. Puis ajoutez le chocolat fondu et l'huile de pépin de raisin.

Chemisez un moule à cake de papier sulfurisé. Afin d'obtenir un beau marbrage, garnissez à la poche le fond du moule avec un tiers de l'appareil vanillé puis, à l'aide d'une autre poche à douille, ajoutez au centre, dans le sens de la longueur, la moitié de l'appareil chocolat.

Recouvrez d'un tiers d'appareil vanillé, puis ajoutez, toujours au centre du cake, dans le sens de la longueur, le restant d'appareil chocolat. Recouvrez avec l'appareil vanillé restant. Enfournez à 150 °C (th. 5) pendant 50 minutes à 1 heure. Vérifiez la cuisson en piquant la lame d'un couteau dans le cake ; si la lame ressort propre, la cuisson est terminée.

ÉCLAIRS AU CHOCOLAT

6 - 8 PERSONNES | PRÉPARATION : 1 H | CUISSON : 20 MIN | RÉFRIGÉRATION : 1 H

INGRÉDIENTS

CRÈME PÂTISSIÈRE AU CHOCOLAT
85 g de chocolat noir 70 %
10 g de fécule de maïs
30 g de sucre semoule
2 jaunes d'œufs
22 cl de lait entier
5 cl de crème liquide entière

PÂTE À CHOUX
5 cl d'eau
5 cl de lait entier
1 pincée de sel fin
1 pincée de sucre semoule
40 g de beurre
60 g de farine
2 œufs entiers

GLAÇAGE TENDRE NOIR
130 g de chocolat noir 70 %
10 cl de crème liquide entière

USTENSILES
Plaques à pâtisserie
Feuilles de plastique ou papier sulfurisé
1 thermomètre de cuisine
1 poche à douille

Réalisez la crème pâtissière au chocolat (voir p. 30).
Réservez au réfrigérateur.

Confectionnez la pâte à choux.
Dans une casserole, portez à ébullition l'eau, le lait, le sel, le sucre et le beurre. Tamisez la farine dans le liquide puis desséchez sur feu vif. Hors du feu, incorporez les œufs petit à petit.
À l'aide d'une poche à douille, dressez la pâte en forme d'éclairs ou formez un éclair en 3 petits choux côte à côte. Enfournez à 250 °C (th. 8/9) et éteignez immédiatement le four. Dès que la pâte à choux gonfle et colore, rallumez le four à 180 °C (th. 6) et terminez de la dessécher lentement pendant 10 minutes environ.

Réalisez le glaçage tendre noir.
Hachez le chocolat et faites-le fondre doucement au bain-marie ou au four à micro-ondes (position décongélation ou puissance 500 W en remuant de temps en temps). Portez la crème liquide à ébullition. Versez lentement la crème bouillante sur le chocolat fondu. Mélangez-en suivant la règle des trois tiers (voir Royal p. 132). Mixez le mélange en prenant soin de ne pas ajouter d'air et réservez au frais.

Garnissez les éclairs à l'aide d'une poche munie d'une petite douille unie. Faites fondre le glaçage chocolat à 28/30 °C et glacez les éclairs sur leur partie bombée. Réservez au réfrigérateur.

SOUFFLÉ AU CHOCOLAT

6 PERSONNES | PRÉPARATION : 20 MIN | CUISSON : 10 - 12 MIN | RÉFRIGÉRATION : 30 MIN

INGRÉDIENTS
Beurre
Un peu de sucre semoule
150 g de chocolat noir 70 %
4 œufs
100 g de sucre semoule
20 cl de crème liquide entière

1 cuillerée à café bombée de fécule de maïs
1 cuillerée à café bombée de cacao en poudre amer

USTENSILES
1 pinceau
6 moules individuels
à soufflé ou ramequins

À l'aide d'un pinceau, beurrez soigneusement les moules et chemisez-les de sucre. Réservez-les au réfrigérateur.

Hachez le chocolat et faites-le fondre dans un grand saladier doucement au bain-marie ou au four à micro-ondes (position décongélation ou puissance 500 W en remuant de temps en temps).

Montez doucement les blancs en neige en incorporant le sucre petit à petit.

Versez la crème froide dans une casserole, ajoutez la fécule et la poudre de cacao tamisées ensemble. Portez ce mélange à ébullition sans cesser de remuer pour éviter qu'il n'accroche. Versez progressivement un tiers de cette crème épaissie chaude sur le chocolat fondu. À l'aide d'une maryse, mélangez énergiquement en décrivant de petits cercles pour créer un « noyau » élastique et brillant. Incorporez

alors le deuxième tiers, mélangez selon le même procédé, puis incorporez le troisième tiers selon la même méthode. Ajoutez les jaunes d'œufs en mélangeant énergiquement au fouet jusqu'à obtenir une texture lisse et brillante. Incorporez délicatement à la spatule une partie des blancs montés. Lorsque la consistance est « allégée », ajoutez précautionneusement le reste des blancs montés.

Garnissez les moules beurrés et sucrés d'appareil à soufflé jusqu'à ras bord. Réservez au réfrigérateur jusqu'au moment de la cuisson.

Environ 30 minutes avant de servir le dessert, préchauffez le four à 210/220 °C (th. 7/8).

Sortez les soufflés du réfrigérateur et enfournez-les pendant 10-12 minutes environ.

CHURROS DU DÉSERT, CHOCOLAT AU LAIT-GINGEMBRE

6 - 8 PERSONNES | PRÉPARATION : 1 H | CUISSON : 10 MIN | CONGÉLATION : 3 H

INGRÉDIENTS
CHURROS
18,5 cl de lait
3 g de sel
4 g de sucre semoule
75 g de beurre
150 g de farine
3 œufs entiers

SAUCE CARAMEL CHOCOLAT AU LAIT-GINGEMBRE
110 g de chocolat au lait 40 %
23,5 cl de crème liquide entière
15 g de sirop de glucose
1 petit rhizome de gingembre
120 g de sucre semoule
40 g de beurre

SUCRE AROMATISÉ
1 citron vert non traité
200 g de sucre semoule
50 cl d'huile de friture

USTENSILES
1 poche à douille cannelée
1 centrifugeuse ou une râpe
1 friteuse

Préparez les churros.

Dans une casserole, portez à ébullition le lait, le sel, le sucre et le beurre. Ajoutez la farine dans la casserole, puis mélangez une minute (« desséchez ») sur feu vif. Hors du feu, incorporez les œufs petit à petit jusqu'à l'obtention d'une pâte homogène.

Sur une plaque recouverte d'une feuille de papier sulfurisé ou d'un tapis en silicone, dressez à l'aide d'une poche à douille munie d'une douille cannelée des mini-churros. Réservez au congélateur environ 3 heures.

Réalisez la sauce caramel chocolat au lait-gingembre.

Hachez le chocolat et faites-le fondre doucement au bain-marie ou au four à micro-ondes (position décongélation ou puissance 500 W en remuant de temps en temps). Dans une casserole, faites chauffer la crème et le sirop de glucose. Épluchez le gingembre et extrayez-en le jus avec une centrifugeuse ou réduisez-le en pulpe à l'aide d'une râpe.

Dans une casserole, faites caraméliser le sucre sans ajouter d'eau. Incorporez le beurre, puis la crème et le sirop de glucose chauffés. Versez lentement un tiers du mélange bouillant sur le chocolat fondu. À l'aide d'une maryse, mélangez énergiquement en décrivant de petits cercles pour créer un « noyau » élastique et brillant. Incorporez alors le deuxième tiers, mélangez selon le même procédé, puis incorporez le troisième tiers selon la même méthode. Mixez pour lisser et parfaire cette texture et ajoutez le jus ou la pulpe de gingembre.

Hachez finement le zeste de citron vert et mélangez-le avec le sucre semoule.

Pour finir, dans une casserole ou une friteuse, faites chauffer l'huile à 180 °C, plongez-y 2 ou 3 pièces de churros congelés et faites-les cuire jusqu'à coloration. Réservez sur du papier absorbant et saupoudrez légèrement de sucre semoule aromatisé.

Servez les churros avec la sauce caramel chocolat au lait-gingembre encore tiède.

GAUFRES CHOCOLAT

6 - 8 PERSONNES | PRÉPARATION : 45 - 50 MIN | CUISSON : 4 MIN PAR TOURNÉE DE GAUFRES

INGRÉDIENTS
Glace à la vanille

SAUCE CHOCOLAT AU LAIT-ÉRABLE
300 g de sirop d'érable
15 cl de crème liquide entière
100 g de chocolat au lait 40 %

APPAREIL À GAUFRES CHOCOLAT
110 g de farine
50 g de chocolat noir 70 %
12,5 cl de lait entier
2 cl de vanille liquide
50 g de sucre semoule
130 g de beurre

2 g de sel
3 blancs d'œufs

USTENSILES
1 thermomètre de cuisine
1 gaufrier

Réalisez la sauce chocolat au lait-érable.

Dans une casserole, faites cuire le sirop d'érable à 120 °C. Ajoutez la crème préalablement tiédie. Hachez le chocolat au lait et faites-le fondre doucement au bain-marie ou au four à micro-ondes (position décongélation ou puissance 500 W en remuant de temps en temps). Versez lentement un tiers du mélange bouillant sur le chocolat fondu. À l'aide d'une maryse, mélangez énergiquement en décrivant de petits cercles pour créer un « noyau » élastique et brillant. Incorporez alors le deuxième tiers, mélangez selon le même procédé, puis incorporez le troisième tiers selon la même méthode.

Préparez l'appareil à gaufres chocolat.

Tamisez la farine dans un saladier. Hachez le chocolat et faites-le fondre doucement au bain-marie ou au four à micro-ondes (position décongélation ou puissance 500 W en remuant de temps en temps). Dans une casserole, faites chauffer le lait, puis ajoutez la vanille, le sucre, le beurre et le sel. Puis versez le chocolat fondu en trois fois sur la farine tamisée en remuant vivement. Montez les blancs en neige et incorporez-les délicatement.

Faites chauffer le gaufrier. Une fois que celui-ci est bien chaud, déposez l'appareil à gaufre chocolat dans les alvéoles. Laissez cuire environ 4 minutes.

Disposez les gaufres sur une assiette, servez avec une boule de glace vanille et nappez de sauce chocolat-érable chaude.

CAKE CHOCOLAT-PISTACHE, STREUZEL AMANDES-ANIS

6 PERSONNES | PRÉPARATION : 45 MIN | CUISSON : 1 H 10

INGRÉDIENTS

Quelques griottes confites
(type Amarena)

CAKE PISTACHE
15 g de beurre
75 g de sucre semoule
1 œuf entier
1 pincée de sel fin
3,5 cl de crème liquide entière
60 g de farine
1 g de levure chimique
30 g de pâte de pistache

STREUZEL AMANDES-ANIS
10 g de cassonade
10 g de poudre d'amande
10 g de farine
$1/2$ pincée de sel
1 pincée d'anis vert en poudre
10 g de beurre

CAKE LÉGER AU CHOCOLAT
1 œuf entier
50 g de sucre semoule
20 g de poudre d'amande
30 g de farine

2 g de levure chimique
8 g de poudre de cacao amer
35 g de chocolat noir 60 ou 70 %
3 cl de crème liquide entière
20 g de beurre
1 blanc d'œuf

USTENSILES
1 plaque à pâtisserie ou 1 tapis en silicone
1 moule à cake

Réalisez le streuzel amandes-anis.

Dans un saladier, mélangez ensemble la casso-nade, la poudre d'amande, la farine, le sel et l'anis vert en poudre. Découpez le beurre froid en petits cubes, ajoutez-le à la préparation et mélangez à la main pour former un mélange sableux. Disposez sur une plaque ou un tapis en silicone. Faites cuire à 150/160 °C (th. 5/6) 10 minutes environ jusqu'à obtenir une belle coloration ambrée.

Confectionnez le cake pistache.

Dans une casserole, faites fondre le beurre légère-ment. Dans un saladier, mélangez le sucre avec l'œuf entier, le sel et la crème liquide. Tamisez la farine avec la levure chimique et ajoutez-la au mélange jusqu'à obtenir une pâte. Faites ramollir légèrement la pâte de pistache et incorporez-y une petite partie du mélange précédent. Lorsque cette pâte est ho-mogène, incorporez-la au reste de l'appareil avec le beurre fondu.

Confectionnez le cake léger au chocolat.

Dans un saladier, mélangez l'œuf et le sucre semoule. Ajoutez la poudre d'amande, la farine tamisée avec la levure chimique et la poudre de cacao jusqu'à obtenir une pâte. Réservez.
Hachez le chocolat et faites-le fondre doucement au bain-marie ou au four à micro-ondes (en position décongélation ou puissance 500 W en remuant de temps en temps). Dans une casserole, faites chauffer la crème liquide. Mélangez-la avec le chocolat. Ajou-tez ce mélange à la pâte, puis incorporez le beurre fondu ainsi que le blanc d'œuf monté en neige.

Pour terminer, chemisez de papier sulfurisé un moule à cake. Versez la pâte à cake pistache au fond du moule. Ajoutez quelques griottes par-dessus en prenant soin qu'elles ne touchent pas les bords du moule. Versez la pâte à cake chocolat, puis déposez au-dessus le streuzel amande-anis cuit. Faites cuire à 150 °C (th. 5) pendant environ 1 heure et vérifiez la cuisson en piquant la lame d'un couteau dans le cake. Si la lame ressort propre, il est cuit.

CAKE CHOCOLAT-BANANE, RAISINS AU RHUM BLANC

6 PERSONNES | À FAIRE LA VEILLE | PRÉPARATION : 20 MIN | CUISSON : 40 - 50 MIN | RÉFRIGERATION : 1 NUIT

INGRÉDIENTS

RAISINS AU RHUM BLANC
60 g de raisins blonds (mesurés à sec)
5 cl de rhum blanc
Eau

APPAREIL À CAKE
80 g de chocolat noir 60 %
100 g de beurre + pour le moule

40 g de sucre semoule
20 g de sucre muscovado ou cassonade
1 jaune d'œuf
3 œufs entiers
2 bananes très mûres écrasées
40 g de poudre de noisette
40 g de grué de cacao
50 g de farine + pour le moule
4 g de levure chimique

150 g de chocolat au lait 40 %
Un peu de rhum brun
Un peu de noix de muscade râpée

USTENSILES
1 moule à cake

Lavez les raisins blonds à l'eau bouillante et faites-les gonfler à feu très doux dans du rhum blanc allongé d'un peu d'eau (¼ de l'ensemble) jusqu'à réduction complète du liquide.

Confectionnez l'appareil à cake.
Hachez et faites fondre doucement le chocolat noir au bain-marie ou au four à micro-ondes (en position décongélation ou puissance 500 W en remuant de temps en temps). Puis ajoutez le beurre juste fondu. Versez le mélange chocolat noir et beurre dans un bol mixeur. Ajoutez les deux sucres, semoule et muscovado.
Mixez jusqu'à ce que le mélange soit bien lisse, puis versez le jaune d'œuf et les œufs entiers petit à petit. Le mélange doit rester bien lisse tout au long de la préparation. Ajoutez la purée de banane. Toujours au mixeur, incorporez ensuite la poudre de noisette et le grué de cacao, la farine et la levure chimique. Laissez reposer le mélange 15 minutes au réfrigérateur afin de le durcir.

Pendant ce temps, hachez le chocolat au lait. Sortez la pâte à cake et incorporez les raisins secs au rhum égouttés et les éclats de chocolat au lait. Versez dans un moule à cake chemisé de papier cuisson ou beurré et fariné. Enfournez à 180 °C (th. 6) pendant 45 minutes environ.

À la sortie du four, imbibez le cake de rhum brun et râpez un peu de noix de muscade dessus. Enveloppez le cake encore chaud d'un film plastique très serré « à la japonaise ». Tous les parfums du rhum s'imprégneront dans la masse, sans que les arômes et l'alcool ne s'évaporent. Laissez refroidir 1 nuit au réfrigérateur.

FINANCIERS AU CHOCOLAT NOIR, STREUZEL AGRUMES ET ORANGES CONFITES

6 - 8 PERSONNES | PRÉPARATION : 30 MIN | CUISSON : 30 MIN | RÉFRIGÉRATION : 2 - 3 H

INGRÉDIENTS
1 paquet de sablés
240 g de cubes d'oranges confites

FINANCIERS AU CHOCOLAT NOIR
190 g de poudre d'amande

150 g de sucre glace
10 g de fécule de maïs
10 g de poudre de cacao amer
9 blancs d'œufs
7,5 cl de crème liquide entière
50 g de chocolat noir 60 %

USTENSILES
1 poche à douille
1 plaque de moules individuels
1 plaque à pâtisserie
ou 1 tapis en silicone

Confectionnez les financiers au chocolat noir.

Dans un saladier, mélangez la poudre d'amande, le sucre glace, la fécule de maïs, la poudre de cacao. Ajoutez les blancs d'œufs et la crème liquide. Réservez cet appareil. Hachez le chocolat et faites-le fondre doucement au bain-marie ou au four à micro-ondes (en position décongélation ou puissance 500 W en remuant de temps en temps). Versez un peu d'appareil sur le chocolat fondu tout en remuant vivement. Puis ajoutez ce mélange dans le reste de l'appareil et mélangez délicatement. Réservez au réfrigérateur 2 ou 3 heures.

Réalisez le montage.

Versez l'appareil à financier chocolat dans les moules et parsemez de cubes d'oranges confites et d'éclats de sablé préalablement écrasés. Enfournez à 175 °C (th. 6) 15 à 20 minutes. Laissez refroidir un peu avant de démouler.

BROWNIE

8 PERSONNES | PRÉPARATION : 10 MIN | CUISSON : 20 MIN

INGRÉDIENTS
3 œufs entiers
120 g de sucre semoule
120 g de cassonade
90 g de chocolat noir 60 %
170 g de beurre
40 g de farine

10 g de poudre de cacao amer
Noix de Grenoble et/ou de pécan, de macadamia,
perles de chocolat...

USTENSILES
1 cadre et 1 plaque à pâtisserie
ou 1 moule à tarte de ø 20 cm

Dans un saladier, mélangez les œufs avec le sucre et la cassonade sans mousser.

Hachez le chocolat et le beurre et faites-les fondre au bain-marie ou au four à micro-ondes (en position décongélation ou puissance 500 W en remuant de temps en temps). Incorporez au mélange œufs/sucre.

Ajoutez la farine et le cacao tamisés ensemble. Mélangez brièvement.

Versez dans un cadre posé sur une plaque chemisée de papier sulfurisé ou dans un moule à tarte. Parsemez de noix, de perles de chocolat... et enfournez à 160 °C (th. 5/6) pendant une vingtaine de minutes.

Servez froid.

CUPCAKES

POUR 18 CUPCAKES | PRÉPARATION : 4 MIN | CUISSON : 15 MIN | RÉFRIGÉRATION : 3 H

INGRÉDIENTS

PÂTE À CUPCAKE CHOCOLAT
50 g de chocolat noir 70 %
80 g de beurre
5 œufs entiers
75 g de miel d'acacia
125 g de sucre semoule
75 g de poudre d'amande
120 g de farine
25 g de poudre de cacao amer
8 g de levure chimique
120 g (12 cl) de crème liquide entière

OU PÂTE À CUPCAKE NATURE, À PARFUMER
310 g de sucre semoule
5 œufs entiers
1 pincée de sel fin
13,5 cl de crème liquide entière
240 g de farine
4 g de levure chimique
80 g de beurre
Parfums au choix
(zestes d'agrumes, épices)

GANACHE MONTÉE À PARFUMER
ET/OU À COLORER
160 g de chocolat blanc 35 %
380 g (110 + 270 g)
de crème liquide entière
Parfums au choix
(zestes d'agrumes, épices, huiles
essentielles...)

OU GANACHE MONTÉE AU CHOCOLAT NOIR
310 g (110 + 200 g)
de crème liquide entière
90 g de chocolat noir 70 %

DÉCOR
Fleurs cristallisées, perles, vermicelles
de chocolat, fruits...

USTENSILES
1 poche munie d'une douille cannelée
Caissettes à muffins

Pour confectionner des cupcakes chocolat.
Hachez le chocolat et faites-le fondre doucement au bain-marie ou au four à micro-ondes (en position décongélation ou puissance 500 W en remuant de temps en temps). Ajoutez le beurre préalablement fondu. Dans un saladier, mélangez au fouet les œufs, le miel et le sucre semoule. Ajoutez la poudre d'amande, la farine, la poudre de cacao et la levure chimique tamisées ensemble. Incorporez la crème liquide, puis le chocolat et le beurre fondus. Pochez dans les caissettes aux deux tiers et enfournez à 160 °C (th. 5/6) pendant 15 minutes environ.

Pour confectionner des cupkakes nature à parfumer.
Mélangez le sucre, les œufs entiers, le sel et la crème. Tamisez la farine avec la levure chimique et ajoutez-les au mélange. Incorporez le beurre fondu et le parfum choisi (zestes, épices...). Pochez dans les caissettes aux deux tiers et enfournez à 160 °C (th. 5/6) pendant 15 minutes environ.

Pour réaliser une ganache montée à parfumer et/ou à colorer.
Hachez le chocolat blanc et faites-le fondre au bain-marie ou au four à micro-ondes (en position décongélation ou puissance 500 W en remuant de temps en temps). Dans une casserole, portez 110 g de crème liquide à ébullition. Versez lentement un tiers du mélange bouillant sur le chocolat fondu. À l'aide d'une maryse, mélangez énergiquement en décrivant de petits cercles pour créer un « noyau » élastique et brillant. Incorporez alors le deuxième tiers, mélangez selon le même procédé, puis incorporez le troisième tiers selon la même méthode. Ajoutez les 270 g de crème froide à la ganache. Colo-

rez et parfumez selon votre goût. Laissez-la cristalliser 3 heures au minimum au réfrigérateur avant de la fouetter afin d'obtenir une texture fondante.

Pour préparer la ganache montée au chocolat noir, procédez de même.

Procédez au montage.
Formez une rosace de ganache montée fouettée sur les cupcakes avec une poche munie d'une douille cannelée. Décorez à votre guise de fleurs cristallisées, de perles, de vermicelles de chocolat, de fruits...

MADELEINES FOURRÉES AU GIANDUJA

POUR 20 MADELEINES ENVIRON | PRÉPARATION : 15 MIN | CUISSON : 10 MIN | RÉFRIGÉRATION : 4 H

INGRÉDIENTS
5 œufs entiers
1/2 cuillerée à café de poudre de vanille
250 g de sucre semoule
15 g de miel

250 g de farine + pour le moule
8 g de levure chimique
250 g de beurre + pour le moule
200 g de gianduja

USTENSILES
1 moule à madeleines
1 poche munie d'une très petite douille

Dans un saladier, mélangez les œufs, la poudre de vanille, le sucre semoule et le miel.
Ajoutez la farine et la levure chimique tamisées ensemble. Puis, incorporez le beurre préalablement fondu. Réservez la pâte au réfrigérateur 3 ou 4 heures.

Pochez* la pâte dans un moule à madeleines beurré et fariné et enfournez à 200 °C (th. 6/7) environ pendant 8 à 10 minutes.

Faites fondre le gianduja doucement au bain-marie ou au four à micro-ondes (en position décongélation ou puissance 500 W en remuant de temps en temps). Attendez qu'il épaississe un peu avant de le verser dans une poche munie d'une très petite douille.

Sortez les madeleines du four et garnissez-les de gianduja. Il ne reste plus qu'à attendre que les madeleines soient refroidies pour les déguster !

BÛCHE PRALINÉ NOISETTE

6 - 8 PERSONNES | PRÉPARATION : 1 H | CUISSON : 7 MIN | RÉFRIGÉRATION : 3 H

INGRÉDIENTS
BISCUIT ROULÉ
4 œufs (2 entiers + 2 séparés)
110 g (80 + 30 g) de sucre semoule
50 g de farine

GANACHE MONTÉE CHOCOLAT/PRALINÉ NOISETTE
150 g de chocolat au lait 40 %
120 g de praliné noisette
560 g (160 + 400 g)
de crème liquide entière

200 g de noisettes concassées
Sucre glace

USTENSILE
1 plaque à bûche

Confectionnez le biscuit roulé.

Blanchissez au fouet les 2 jaunes, les 2 œufs entiers et 80 g de sucre semoule. Montez les 2 blancs en neige en versant immédiatement les 30 g de sucre restant. Incorporez délicatement les blancs montés au premier mélange et ajoutez en pluie la farine tamisée.

Étalez sur une plaque à bûche et enfournez à 210 °C (th. 7) pendant 5 à 7 minutes environ. Réservez à température ambiante.

Préparez la ganache montée chocolat-praliné noisette.

Hachez le chocolat et faites-le fondre au bain-marie ou au four à micro-ondes (position décongélation ou puissance 500 W en remuant de temps en temps). Ajoutez le praliné. Dans une casserole, portez 160 g de crème liquide à ébullition. Versez lentement un tiers du mélange bouillant sur le chocolat fondu.

À l'aide d'une maryse, mélangez énergiquement en décrivant de petits cercles pour créer un « noyau » élastique et brillant. Incorporez alors le deuxième tiers, mélangez selon le même procédé, puis incorporez le troisième tiers selon la même méthode. Ajoutez les 400 g de crème froide. Mixez pour lisser et parfaire l'émulsion. Réservez au réfrigérateur au moins 3 heures, puis fouettez la ganache jusqu'à obtenir la consistance d'une crème onctueuse.

Procédez au montage.

Démoulez le biscuit. Étalez un tiers de la ganache montée chocolat/praliné noisette et saupoudrez de quelques noisettes grossièrement hachées. Roulez la bûche et masquez-la entièrement de ganache montée. Décorez-la avec des noisettes concassées torréfiées et saupoudrez de sucre glace.

PALETS CHOCOLAT AU LAIT-CARAMEL

6 - 8 PERSONNES | PRÉPARATION : 45 MIN | CUISSON : 9 MIN | REPOS : 4 H 30

INGRÉDIENTS
20 carambars au caramel

BISCUIT
50 g de chocolat au lait 40 %

120 g de beurre
2 œufs entiers
115 g de carambar caramel
10 g (1 cl) de lait entier
60 g de farine T55

USTENSILES
1 poche à douille

Confectionnez le biscuit.
Hachez le chocolat et faites-le fondre au bain-marie ou au four à micro-ondes (en position décongélation ou puissance 500 W en remuant de temps en temps). Dans un saladier, mettez le beurre en pommade. Ajoutez le chocolat fondu et mélangez jusqu'à obtenir une masse lisse et homogène. Incorporez les œufs petit à petit, tout en conservant une texture lisse. Faites fondre 6 carambars caramel dans le lait légèrement chauffé, puis incorporez-les au premier mélange. Ajoutez la farine tamisée. Réservez.

Réalisez le montage.
Mettez un carambar caramel coupé en morceaux par moule, puis pochez la pâte à biscuit sur le caramel. Enfournez à 180 °C (th. 6) pendant 9 minutes environ. Après cuisson, laissez refroidir 30 minutes avant de démouler.

91

KLEMANGA

6 - 8 PERSONNES | PRÉPARATION : 1 H 20 | CUISSON : 10 MIN | CONGÉLATION : 4 H

INGRÉDIENTS

MOUSSE CHANTILLY AU CHOCOLAT NOIR
130 g de chocolat noir 70 %
220 g (140 + 80 g)
de crème liquide entière

BISCUIT MOELLEUX COCO
55 g de poudre de noix de coco
25 g de farine
55 g de sucre glace

6 blancs d'œufs
1,5 cl de crème liquide entière
70 g de sucre semoule

COULIS MANGUE/PASSION
1,5 g de gélatine en feuilles
165 g de mangue fraîche
85 g de pulpe de mangue
50 g de pulpe de fruit de la Passion
Un peu de sucre semoule (facultatif)

Un peu de poudre de cacao amer

USTENSILES
1 cercle à pâtisserie de ø 18 à 20 cm
1 tapis en silicone ou une plaque à pâtisserie
1 plaque à bûche
1 thermomètre de cuisine
1 poche à douille

Confectionnez le biscuit moelleux coco.

Étalez sur une plaque à bûche chemisée de papier sulfurisé ou sur un tapis en silicone. Enfournez à 180 °C (th. 6) environ 10 minutes. Découpez 2 disques de biscuit en utilisant le cercle à pâtisserie comme emporte-pièce.

Préparez le coulis mangue-passion.

Faites ramollir la gélatine dans un récipient rempli d'eau froide. Découpez la mangue fraîche en petits cubes. Faites chauffer la pulpe de mangue et de passion dans une casserole à 50 °C et ajoutez un peu de sucre si nécessaire. Incorporez la gélatine essorée. Mélangez avec les petits cubes de mangue fraîche et réservez au réfrigérateur.

Placez 1 disque de biscuit au fond du cercle à pâtisserie posé sur un tapis en silicone. Coulez le coulis mangue-passion en prenant soin d'en conserver un peu pour la finition et déposez par-dessus le 2ème biscuit. Écrasez légèrement de façon à aplatir un peu l'ensemble. Placez 1 heure au congélateur.

Réalisez la mousse chantilly au chocolat noir.

Hachez le chocolat et faites-le fondre doucement au bain-marie ou au four à micro-ondes (position décongélation ou puissance 500 W en remuant de temps en temps). Si vous réalisez une mousse au chocolat blanc, faites tremper la gélatine dans un récipient rempli d'eau froide.

À la main ou au batteur, fouettez 140 g de crème bien froide pour lui donner une texture souple et mousseuse dite « montée mousseuse ». Réservez au frais. Dans une casserole, faites chauffer les 80 g de crème restant. Versez lentement un tiers de cette crème chaude sur le chocolat fondu. À l'aide d'une maryse, mélangez énergiquement en décrivant de petits cercles pour créer un « noyau » élastique et brillant. Incorporez alors le deuxième tiers, mélangez selon le même procédé, puis incorporez le troisième tiers selon la même méthode. Ajoutez la crème montée mousseuse et mélangez délicatement à la maryse. Sortez le biscuit du congélateur et dressez à la poche de grosses boules de mousse chantilly au chocolat

sur le biscuit. Réservez 3 heures au congélateur. Démoulez et placez l'entremets sur un plat de service. Saupoudrez de poudre de cacao amer. Faites fondre légèrement le coulis mangue/passion au four à micro-ondes sans le chauffer et décorez l'entremets.

MENDIANTS

POUR 30 MENDIANTS ENVIRON | RÉALISATION : 45 MIN

INGRÉDIENTS
300 g de chocolat noir 70 %
Ou 300 g de chocolat blanc 35 %
Ou 300 g de chocolat au lait 40 %
Fruits secs au choix (abricots secs, amandes, noix, pistaches...)

USTENSILES
1 thermomètre de cuisine
Plaques à pâtisserie
1 poche à douille

Préparez votre matériel.
Posez une feuille de papier sulfurisé sur une plaque à pâtisserie. Disposez les fruits secs de votre choix dans des ramequins (une sorte par ramequin).

Tempérez le chocolat.
Hachez le chocolat et faites-le fondre doucement au bain-marie.
Préparez un bain-marie d'eau froide, avec juste quelques glaçons. Lorsque la température a atteint 55/58 °C, retirez le chocolat du bain-marie d'eau chaude et déposez-le dans le bain-marie d'eau froide. Remuez constamment afin que le chocolat ne cristallise pas trop vite sur les bords et « sur-cristallise » le beurre de cacao. Contrôlez la température. Lorsque le chocolat arrive aux alentours de 35 °C, retirez-le du bain-marie d'eau froide. Continuez à mélanger. Le chocolat doit atteindre 28/29 °C pour un chocolat noir, 27/28 °C pour un chocolat au lait et 26/27 °C pour un chocolat blanc.

Placez le saladier au bain-marie d'eau chaude un bref instant pour faire remonter la température. Vous devez atteindre 31/32 °C pour le chocolat noir, 29/30 °C pour le chocolat au lait et 28/29 °C pour un chocolat blanc ou coloré. Retirez du bain-marie en mélangeant.
Remplissez une poche à douille de ce chocolat.

Dressez des gouttes de chocolat de taille identique. Tapez légèrement la plaque de façon à ce que les doses de chocolat forment de petits palets et très vite déposez les fruits secs sur les mendiants. Laissez cristalliser.

ORANGETTES

6 - 8 PERSONNES | À COMMENCER LA VEILLE | PRÉPARATION : 1 H 30 | CUISSON : 45 MIN | REPOS : 1 NUIT

INGRÉDIENTS
3 belles oranges non traitées
250 g de sucre semoule
50 cl d'eau
450 g de chocolat noir 70 %

USTENSILES
1 thermomètre de cuisine
1 fourchette à tremper

Confectionnez les orangettes.

Nettoyez et brossez à l'eau froide les oranges. Divisez chacune en quatre quartiers à l'aide d'un couteau, sans entamer la chair. Retirez délicatement les quartiers d'écorces, mettez-les dans une grande casserole, couvrez-les d'eau froide et portez à ébullition pendant 5 minutes. Égouttez-les, puis laissez refroidir et renouvelez l'opération. Égouttez à nouveau et laissez refroidir dans la passoire. Dans une casserole à fond épais, mélangez le sucre semoule et l'eau et portez à ébullition. Quand le sirop bout, jetez-y les écorces d'orange et, à la reprise de l'ébullition, laissez frémir 5 minutes. Retirez du feu et laissez refroidir totalement le sirop. Faites bouillir deux fois 5 minutes, en attendant à chaque fois le refroidissement total du sirop. Les écorces confites dans le sirop doivent être translucides.

Lorsqu'elles auront refroidi, découpez-les en lamelles d'environ 0,5 cm de large et disposez-les sur une grille sans les superposer. Faites-les sécher au moins 1 nuit.

Tempérez le chocolat (voir p. 13).

À l'aide d'une fourchette à tremper, procédez à l'enrobage (voir p. 18).

Trempez les orangettes une à une dans le chocolat noir tempéré. Laissez cristalliser avant de déguster.

FINGERS AU CHOCOLAT ET NOIX DE PÉCAN

8 PERSONNES | PRÉPARATION : 35 - 40 MIN | CUISSON : 25 MIN | RÉFRIGÉRATION : 4 H

INGRÉDIENTS

BISCUIT

3 jaunes d'œufs
45 g de sucre muscovado
30 g de miel de châtaignier ou de sapin
115 g (45 + 70 g) de sucre semoule
90 g de chocolat noir 70 %
150 g de beurre

3 blancs d'œufs
40 g de farine
70 g de noix de pécan
70 g de noix de cajou
Un peu de sésame blond

GANACHE AU CHOCOLAT NOIR

130 g de chocolat noir 70 %

9 cl de crème liquide entière
30 g de miel de sapin
50 g de beurre

USTENSILES

1 plaque à pâtisserie
ou 1 tapis en silicone
1 poche à douille

3 ou 4 heures auparavant, réalisez la ganache au chocolat noir.

Hachez le chocolat et faites-le fondre doucement au bain-marie ou au four à micro-ondes (en position décongélation ou puissance 500 W en remuant de temps en temps).

Dans une casserole, faites chauffer la crème liquide entière, ajoutez le miel. Versez lentement un tiers du mélange bouillant sur le chocolat fondu. À l'aide d'une maryse, mélangez énergiquement en décrivant de petits cercles pour créer un « noyau » élastique et brillant. Incorporez alors le deuxième tiers, mélangez selon le même procédé, puis incorporez le troisième tiers selon la même méthode. Ajoutez le beurre. Mixez pour lisser et parfaire l'émulsion. Réservez au frais 3-4 heures.

Préparez le biscuit.

Dans un grand saladier, mélangez les jaunes, le sucre muscovado, le miel et 45 g de sucre semoule. Réservez. Hachez le chocolat et faites-le fondre doucement au bain-marie ou au four à micro-ondes (position

décongélation ou puissance 500 W en remuant de temps en temps). Ajoutez le beurre en pommade au chocolat fondu.

Montez les blancs en neige tout en ajoutant progressivement 70 g de sucre semoule.

Incorporez le mélange chocolat/beurre à l'appareil jaunes/sucres. Ajoutez la farine, les noix de pécan et de cajou préalablement hachées, et terminez en incorporant les blancs montés.

Étalez sur une plaque à pâtisserie chemisée de papier sulfurisé, sur environ 1,5 cm d'épaisseur et parsemez de sésame blond. Enfournez à 160 °C (th. 5/6) environ 25 minutes, jusqu'à ce que la pointe du couteau ressorte sèche.

À la sortie du four, laissez reposer 5 minutes, et retournez sur une autre feuille de papier cuisson. Passez la pâte quelques minutes au congélateur. Taillez en « fingers » de 8 x 2 cm.

Réalisez les finitions.

Une fois les « fingers » refroidis, à l'aide d'une poche à douille, déposez un cordon de ganache sur chacun.

ROCHERS

POUR ENVIRON 500 G DE ROCHERS | PRÉPARATION : 50 MIN | CRISTALLISATION : 3 H

INGRÉDIENTS
100 g de chocolat au lait 40 %
250 g de praliné
10 g de crêpes dentelle émiettées

ENROBAGE
500 g de chocolat noir 60 % ou lait 40 %
100 g d'amandes hachées

USTENSILES
1 thermomètre de cuisine
1 plaque à pâtisserie
1 poche à douille
1 fourchette à tremper

Hachez le chocolat et faites-le fondre doucement au bain-marie ou au four à micro-ondes (en position décongélation ou puissance 500 W en remuant de temps en temps). Mélangez le chocolat fondu au praliné. Faites refroidir la masse jusqu'à 24 °C en trempant le saladier dans de l'eau glacée et en remuant constamment. Retirez le saladier de l'eau. Ajoutez les crêpes dentelle émiettées. Versez cette masse sur une plaque chemisée de papier sulfurisé et laissez cristalliser quelques heures.
Une fois la masse durcie, cassez-la en petits morceaux.

Dans un saladier, déposez quelques morceaux de cette masse durcie et commencez à fouetter avec un batteur. Incorporez petit à petit tous les morceaux afin d'obtenir une masse homogène.
À l'aide d'une poche à douille, dressez des boules de la taille d'une petite noix sur une plaque chemisée de papier sulfurisé. Laissez cristalliser avant d'enrober.

Torréfiez les amandes et laissez-les refroidir.

Tempérez le chocolat (voir p. 13).
Enrobez une première fois les rochers, puis roulez-les dans une assiette remplie d'amandes hachées torréfiées. Laissez cristalliser quelques minutes. Enrobez une nouvelle fois les rochers de chocolat.

MANHATTAN CAPPUCCINO

6 - 8 PERSONNES | PRÉPARATION : 1 H | RÉFRIGÉRATION : 3 H AU MINIMUM

INGRÉDIENTS
2 paquets de biscuit secs rectangulaires

GANACHE MONTÉE CHOCOLAT AU LAIT-CAFÉ
8 cl de café expresso

110 g de chocolat au lait 40 %
19 cl de crème liquide entière

IMBIBAGE CAFÉ
30 cl de café expresso
50 g de sucre semoule

Quelques amandes hachées grillées

USTENSILES
1 tapis en silicone ou des feuilles de plastique

Réalisez la ganache montée chocolat au lait-café.

Préparez le café expresso.

Hachez le chocolat et faites-le fondre doucement au bain-marie ou au four à micro-ondes (position décongélation ou puissance 500 W en remuant de temps en temps).

Versez lentement un tiers du café bouillant sur le chocolat fondu. À l'aide d'une maryse, mélangez énergiquement en décrivant de petits cercles pour créer un « noyau » élastique et brillant. Incorporez alors le deuxième tiers, mélangez selon le même procédé puis ajoutez le troisième tiers selon la même méthode. Versez la crème liquide froide dans la ganache et laissez cristalliser au réfrigérateur 3 heures au minimum (idéalement 1 nuit).

Réalisez l'imbibage café.

Préparez du café très serré et ajoutez le sucre semoule. Réservez à température ambiante.

Trempez généreusement 5 biscuits dans le sirop d'imbibage café et disposez-les aussitôt côte à côte sur une feuille de plastique ou un tapis en silicone.

Sortez la ganache et montez-la au fouet, afin de lui donner une consistance onctueuse.

Étalez un peu de ganache en une fine couche. Recouvrez de nouveau de 5 biscuits imbibés et répétez cette opération encore deux fois de suite.

Réalisez ensuite ce montage avec un seul biscuit et un duo afin d'obtenir plusieurs niveaux différents pour le décor. Réservez un peu de ganache montée afin de masquer les bords avec le reste de crème, puis collez des amandes hachées grillées dans les interstices. Réservez au réfrigérateur.

Au moment de servir, dressez sur un plat les différentes parties debout ou couchées façon building de Manhattan à New York.

ENTREMETS PALET OR

6 PERSONNES | À COMMENCER LA VEILLE | PRÉPARATION : 1 H | CUISSON : 40 MIN | RÉFRIGÉRATION : 1 NUIT + 6 H | CONGÉLATION : 1 NUIT

INGRÉDIENTS

BISCUIT CAKE CHOCOLAT
120 g de beurre + pour le moule
70 g de chocolat noir 70 %
6 œufs entiers
100 g de miel d'acacia
170 g de sucre semoule
100 g de poudre d'amande
160 g de farine + pour le moule
10 g de levure chimique
30 g de poudre de cacao amer

16 cl de crème liquide entière

GANACHE AU CHOCOLAT NOIR
300 g de crème liquide entière
50 g de miel
200 g de chocolat noir 70 %

GLAÇAGE BRILLANTISSIME
12 g de gélatine en feuilles
10 cl d'eau
170 g de sucre semoule

75 g de poudre de cacao amer
9 cl de crème liquide entière

DÉCORATION
1 feuille d'or

USTENSILES
1 moule à manqué de ø 20 cm
1 cercle de ø 22 cm
1 plaque à pâtisserie
1 grille à pâtisserie

La veille, réalisez le glaçage brillantissime.
Faites ramollir la gélatine dans un récipient rempli d'eau froide.

Dans une casserole, mélangez l'eau, le sucre semoule, la poudre de cacao amer et la crème liquide. Faites bouillir pendant 1 minute environ. Ajoutez la gélatine essorée et réservez 1 nuit au réfrigérateur.

Réalisez le biscuit cake chocolat (voir p. 22).
Beurrez et farinez un moule à manqué et versez la pâte. Faites cuire à 160 °C (th. 5/6) pendant environ 40 minutes et vérifiez la cuisson en piquant la lame d'un couteau dans le biscuit. Si la lame ressort propre, la cuisson est terminée. Laissez refroidir et découpez 3 disques dans l'épaisseur.

Réalisez la ganache au chocolat noir (voir p. 21).

Procédez au montage et à la décoration.
Posez le cercle à pâtisserie sur une plaque bien plane chemisée de papier sulfurisé. Déposez un premier disque de biscuit en prenant soin que son diamètre soit légèrement inférieur à celui du cercle. Versez un tiers de la ganache, puis déposez un autre disque de biscuit en appuyant de façon à ce que la ganache remonte sur les bords du biscuit. Versez le deuxième tiers de ganache et répétez l'opération en terminant par une couche de ganache. Tapotez légèrement afin d'égaliser la surface et réservez au congélateur, idéalement 1 nuit.

Le jour même.
Réchauffez le glaçage brillantissime au bain-marie ou au four à micro-ondes (position décongélation ou puissance 500 W en remuant de temps en temps). Mixez. Une fois l'entremets durci, posez-le sur une grille à pâtisserie, elle-même posée sur une plaque permettant ainsi de récupérer le glaçage. Nappez complètement l'entremets, faites vibrer légèrement la grille afin d'éliminer l'excédent de glaçage et déposez l'entremets sur un plat de service... Il ne vous

reste plus qu'à apposer une feuille d'or au centre. Réservez au réfrigérateur environ 6 heures. Attention, cet entremets se déguste à température ambiante, n'oubliez pas de le sortir du réfrigérateur 1 heure avant la dégustation.

CHERRY CHÉRIE

POUR 80 BOUCHÉES ENVIRON ⋮ À FAIRE LA VEILLE ⋮ PRÉPARATION : 2 H ⋮ REPOS ET CRISTALLISATION : 24 H

INGRÉDIENTS
300 g de chocolat noir 60 % ou 70 %

POUR LES « CHÉRIES »
50 cerises à l'eau-de-vie
avec leur queue

$^1/_2$ gousse de vanille
300 g de fondant pâtissier

Sucre coloré pour le décor

USTENSILES
1 grille
1 thermomètre de cuisine
Des piques en bois
1 fourchette à tremper
1 plaque à pâtisserie

Préparez les cerises.
Égouttez-les sur une grille posée sur un plat pendant 1 à 2 heures et récupérez le jus. Finissez de les sécher avec un papier absorbant. Fendez la gousse de vanille et grattez-la pour en extraire les grains. Dans un récipient, mélangez le fondant, les grains de vanille et 2 cuillerées à soupe d'eau-de-vie. Faites chauffer au bain-marie à 60/65 °C en mélangeant constamment. Trempez les cerises en les tenant par la queue. Laissez bien une collerette autour de la queue exempte de fondant. Déposez les cerises sur une plaque.

Lorsque le fondant est cristallisé, tempérez le chocolat (voir p. 13). Trempez les cerises et enrobez-les une par une en immergeant bien la queue. Puis déposez-les dans le sucre coloré et laissez-les cristalliser au moins 12 heures.

PROFITEROLES AU CHOCOLAT

6 - 8 PERSONNES | PRÉPARATION : 1 H 20 | CUISSON : 35 MIN

INGRÉDIENTS

20 chouquettes
1 litre de glace (parfum au choix)

SAUCE AU CHOCOLAT

40 g de chocolat noir 60 %
10 g de chocolat au lait 40 %

8 cl de lait entier
8 cl de crème liquide entière

CRÈME CHANTILLY VANILLÉE

1 gousse de vanille
17 cl de crème liquide entière
15 g de sucre semoule

USTENSILES

1 couteau à pain

Réalisez la sauce au chocolat.

Hachez les deux chocolats et faites-les fondre doucement ensemble au bain-marie ou au four à micro-ondes (position décongélation ou puissance 500 W en remuant de temps en temps).

Portez à ébullition le lait et la crème. Versez lentement un tiers du mélange bouillant sur le chocolat préalablement fondu. À l'aide d'une maryse, mélangez en restant au centre de la préparation pour créer un « noyau » élastique et brillant. Incorporez alors le deuxième tiers, mélangez selon le même procédé, puis incorporez le troisième tiers selon la même méthode. Réservez au réfrigérateur jusqu'au moment de servir.

Préparez la crème Chantilly vanillée.

Fendez la gousse de vanille et grattez l'intérieur pour en extraire les grains. Fouettez la crème bien froide avec le sucre et les grains de vanille, jusqu'à obtenir une crème Chantilly.

À l'aide d'un couteau-scie à pain, coupez les chapeaux des choux. Placez 3 choux dans une assiette et garnissez le premier avec la crème Chantilly vanillée, et les deux autres avec la glace au chocolat. Ajoutez les chapeaux qui auront été légèrement sucrés. Servez avec la sauce au chocolat bien chaude.

FONDANT

TARTE AU CHOCOLAT

POUR 6 PERSONNES | À FAIRE LA VEILLE | PRÉPARATION : 40 MIN | CUISSON : 20 MIN

INGRÉDIENTS
1 pâte sablée

USTENSILES
2 feuilles de papier rhodoïd

GANACHE AU CHOCOLAT DULCEY
100 g de crème fleurette 35 %
15 g de miel
200 g de chocolat Dulcey 32 %

DÉCORATION
100 g de chocolat
1 g de beurre de cacao

Préparez la ganache au chocolat.
Procédez comme une ganache classique : portez à ébullition la crème fleurette avec le miel et versez-la petit à petit sur le chocolat Dulcey fondu tout en lissant pour obtenir une émulsion. Incorporez le reste de la crème et mixez pour parfaire cette émulsion.

Foncez les tartes et faites-les cuire à 160 °C (th. 5) afin d'obtenir une belle couleur ambrée.
Coulez la ganache à 28/29 °C dans les fonds de tartes et laissez cristalliser (durcir) à 17 °C.

Pour terminer les décors des tartes, tempérez le chocolat Dulcey (voir p. 13), collez à l'aide d'un peu d'huile des feuilles guitares sur une plaque bien plate.

Versez une petite quantité de chocolat, recouvrez aussitôt d'une seconde feuille guitare puis à l'aide d'un rouleau à pâtisserie, étalez et lissez la couverture en la chassant vers l'extérieur et vérifiez l'épaisseur. Avant cristallisation complète, à l'aide du dos d'un couteau d'office, détaillez des rectangles de différentes tailles puis enroulez-les autour d'un rouleau. Laissez cristalliser à 17 °C.
Disposez un rectangle galbé de chocolat Dulcey sur chaque tartelette.

ONDULÉS NOISETTE

6 - 8 PERSONNES | PRÉPARATION : 1 H 30 | CUISSON : 40 MIN | CRISTALLISATION : 3 H | RÉFRIGÉRATION : 4 H

INGRÉDIENTS
2 pâtes sablées

GANACHE AU CHOCOLAT AU LAIT
225 g de chocolat au lait 40 %
15 cl de crème liquide entière
25 g de miel

CRÈME DE NOISETTE
150 g de beurre
150 g de sucre glace
150 g de poudre de noisette
2 œufs entiers

USTENSILES
1 plaque à pâtisserie
1 poche munie
d'une douille coupée en biseau
dite « à saint-honoré »

Préparez la ganache au chocolat au lait.

Hachez le chocolat et faites-le fondre doucement au bain-marie ou au four à micro-ondes (position décongélation ou puissance 500 W en remuant de temps en temps). Dans une casserole, portez à ébullition la crème et le miel et versez lentement un tiers du mélange bouillant sur le chocolat fondu. À l'aide d'une maryse, mélangez énergiquement en décrivant de petits cercles pour créer un « noyau » élastique et brillant. Incorporez alors le deuxième tiers, mélangez selon le même procédé, puis incorporez le troisième tiers selon la même méthode. Laissez cristalliser dans un endroit frais pendant 3 heures, sans placer au réfrigérateur.

Faites cuire la pâte sablée à 150/160 °C (th. 5/6) 20 minutes environ.

Préparez la crème de noisette.

Dans un récipient, mettez le beurre en pommade. Tout en mélangeant, ajoutez le sucre glace et la poudre de noisette. Ajoutez les œufs.

Sur la pâte sablée déjà cuite et refroidie, étalez la crème de noisette sur toute la surface. Faites cuire à 190 °C (th. 6/7) pendant 20 minutes environ et laissez entièrement refroidir.

À l'aide d'une poche à douille coupée en biseau, décorez de ganache au chocolat au lait en créant un effet de vagues et d'ondulations. Laissez cristalliser le tout au réfrigérateur environ 3 heures.

Au sortir du réfrigérateur, découpez avec un couteau chaud des rectangles d'environ 3 x 8 cm.

PANNACOTTA IVOIRE À LA FÈVE DE TONKA, COULIS DE FRAISE

8 PERSONNES | À COMMENCER LA VEILLE | PRÉPARATION : 40 MIN | RÉFRIGÉRATION : 1 NUIT

INGRÉDIENTS
COULIS DE FRAISE
130 g de fraises
25 cl d'eau
25 g de sucre semoule

PANNACOTTA AU CHOCOLAT BLANC
4 g de gélatine en feuilles
175 g de chocolat blanc 35 %
20 cl de lait
30 cl de crème liquide entière
1/2 fève de tonka

USTENSILES
Des moules en silicone ou verrines

La veille réalisez la panacotta au chocolat blanc.

Faites ramollir la gélatine dans un récipient rempli d'eau froide. Hachez le chocolat et faites-le fondre au bain-marie ou au four à micro-ondes (position décongélation ou puissance 500 W en remuant de temps en temps).

Dans une casserole, faites bouillir le lait et ajoutez la gélatine essorée. Versez lentement un tiers du mélange bouillant sur le chocolat fondu. À l'aide d'une maryse, mélangez énergiquement en décrivant de petits cercles pour créer un « noyau » élastique et brillant. Incorporez alors le deuxième tiers, mélangez selon le même procédé, puis incorporez le troisième tiers selon la même méthode. Ajoutez la crème liquide froide et râpez la fève de tonka. Mixez au mixeur plongeant pour lisser et parfaire l'émulsion. Versez dans des moules en silicone ou des verrines. Réservez au réfrigérateur 1 nuit.

Préparez le coulis de fraise.

Réservez quelques fraises entières et coupez les autres en petits morceaux dans un récipient. Dans une casserole, faites bouillir ensemble l'eau et le sucre, versez sur les fraises coupées et laissez reposer ainsi 1 nuit au réfrigérateur.

Le lendemain.

Passez lentement et délicatement le mélange dans une passoire pour récupérer le jus translucide, sans écraser les fraises qui viendraient troubler le jus. Nappez la panacotta de ce jus et décorez de quelques fraises coupées en deux, éventuellement de quelques framboises...

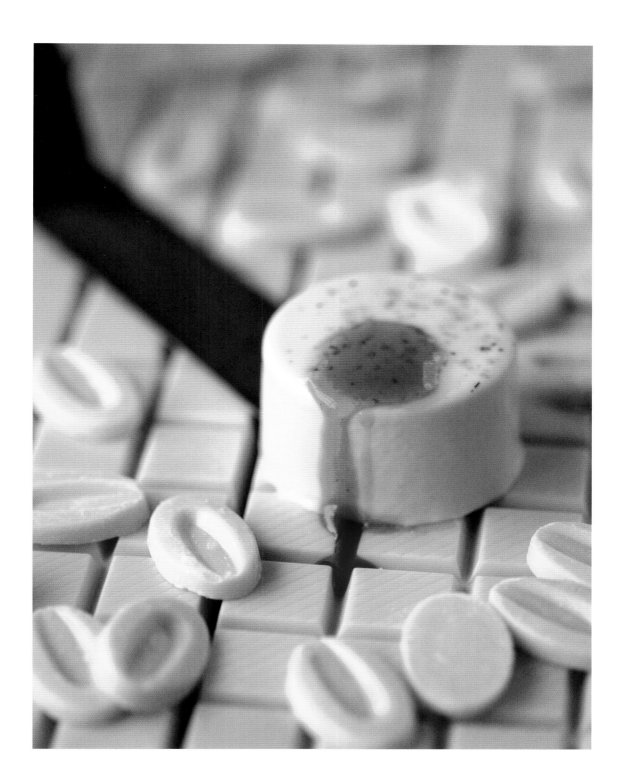

COMME UN NAMACHOCO

6 - 8 PERSONNES | PRÉPARATION : 15 MIN | RÉFRIGÉRATION : 3 H

INGRÉDIENTS
GANACHE AU CHOCOLAT NOIR
350 g de chocolat noir 70 %
25 cl de lait de soja
10 g de miel
10 g de sirop de glucose

DÉCORATION
180 g de cassonade ou sucre coloré

USTENSILES
1 cadre
1 plaque à pâtisserie

Réalisez la ganache au chocolat noir.
Hachez le chocolat et faites-le fondre au bain-marie ou au four à micro-ondes (position décongélation ou puissance 500 W en remuant de temps en temps). Dans une casserole, portez à ébullition le lait de soja avec le miel et le sirop de glucose. Versez lentement un tiers du mélange bouillant sur le chocolat fondu. À l'aide d'une maryse, mélangez énergiquement en décrivant de petits cercles pour créer un « noyau » élastique et brillant. Incorporez alors le deuxième tiers, mélangez selon le même procédé, puis incorporez le troisième tiers selon la même méthode. Mixez pour lisser et parfaire l'émulsion. Coulez dans un cadre posé sur une plaque à pâtisserie chemisée de papier sulfurisé. Réservez au réfrigérateur au minimum 3 heures.

Retirez le cadre, saupoudrez de cassonade ou de sucre coloré, découpez des carrés de 2 x 2 cm.

PANNACOTTA CHOCOLAT NOIR À L'ANANAS, ÉCUME COCO-CITRONNELLE

6 - 8 PERSONNES | À COMMENCER LA VEILLE | PRÉPARATION : 1 H 45 | CUISSON : 25 - 30 MIN | RÉFRIGÉRATION : 1 NUIT

INGRÉDIENTS

PANACOTTA AU CHOCOLAT NOIR
4 g de gélatine en feuilles
130 g de chocolat noir 60 %
20 cl de lait
30 cl de crème liquide entière

ANANAS EN BÂTONNETS
15 cl de jus d'ananas

400 g d'ananas frais
20 g de cassonade
1,5 cl de rhum brun

ÉCUME THAÏE À LA CITRONNELLE
50 cl de lait entier
50 g de sucre semoule
3 bâtons de citronnelle
1/2 gousse de vanille

4 g de gélatine en feuilles
12 cl de lait de coco

USTENSILES
1 siphon
Des verrines
1 thermomètre de cuisine

La veille, réalisez la panacotta au chocolat noir.

Faites ramollir la gélatine dans un récipient rempli d'eau froide. Hachez le chocolat et faites-le fondre au bain-marie ou au four à micro-ondes (position décongélation ou puissance 500 W en remuant de temps en temps).

Dans une casserole, faites bouillir le lait et ajoutez la gélatine essorée. Versez lentement un tiers du mélange bouillant sur le chocolat fondu. À l'aide d'une maryse, mélangez énergiquement en décrivant de petits cercles pour créer un « noyau » élastique et brillant. Incorporez alors le deuxième tiers, mélangez selon le même procédé, puis incorporez le troisième tiers selon la même méthode. Ajoutez la crème liquide froide. Mixez au mixeur plongeant pour lisser et parfaire l'émulsion. Dressez dans des verrines carrées et réservez 1 nuit au réfrigérateur.

Le lendemain, préparez les ananas en bâtonnets.

Épluchez l'ananas et détaillez-le en petits bâtonnets. Ajoutez la cassonade et le rhum aux bâtonnets d'ananas, et faites cuire au four à 220 °C (th. 7/8) environ 10 minutes.

Réalisez l'écume thaïe à la citronnelle.

Dans une casserole, portez à ébullition le lait et le sucre et faites réduire ce mélange pour n'en conserver que 35 cl. Émincez les bâtons de citronnelle (réservez-en pour la décoration), fendez la gousse de vanille et grattez l'intérieur pour en extraire les grains, puis incorporez le tout au lait réduit. Laissez infuser environ une demi-heure et passez le tout au

chinois. Faites ramollir la gélatine dans un récipient rempli d'eau froide, essorez-la et faites-la fondre dans le lait chaud à la citronnelle. Ajoutez le lait de coco et réservez le tout dans un siphon au réfrigérateur 3 ou 4 heures.

Au moment de servir, placez les bâtonnets d'ananas dans les verrines sur la pannacotta, puis formez l'écume thaïe à l'aide du siphon jusqu'à hauteur de la verrine. Décorez de fines tiges de citronnelle.

TRANSPARENCE CHOCOLAT, CRÈME BRÛLÉE, CONFITURE DE FRUITS ROUGES

6 - 8 PERSONNES | PRÉPARATION : 45 MIN | CUISSON : 20 MIN | RÉFRIGÉRATION : 35 MIN

INGRÉDIENTS
Confiture de fruits rouges

CRÈME « BRÛLÉE » VANILLE
6,5 cl de lait entier
50 g de sucre semoule
1 gousse de vanille

19 cl de crème liquide entière
4 jaunes d'œufs

MOUSSE CHAUDE AU CHOCOLAT NOIR
80 g de chocolat noir 70 %
25 g de sucre semoule
1 g d'agar-agar

13,5 cl de lait entier

USTENSILES
Des verrines ou des coupes
1 siphon
1 thermomètre de cuisine

Réalisez la crème « brulée » vanille.

Dans une casserole, portez le lait et le sucre à ébullition. Grattez la gousse de vanille pour en extraire les grains et laissez infuser quelques minutes. Filtrez. Mélangez la crème froide avec les jaunes d'œufs. Versez dessus le lait sucré vanillé en mélangeant bien. Versez dans des verrines et enfournez à 90/100 °C (th. 3/4) pendant environ 17 à 20 minutes.

Confectionnez une mousse chaude au chocolat noir.

Hachez le chocolat et faites-le fondre doucement au bain-marie ou au four à micro-ondes (position décongélation ou puissance 500 W en remuant de temps en temps).
Mélangez le sucre et l'agar-agar, puis ajoutez le lait et faites bouillir. Versez lentement un tiers du mé-lange bouillant sur le chocolat fondu. À l'aide d'une maryse, mélangez énergiquement en décrivant de petits cercles pour créer un « noyau » élastique et brillant. Incorporez alors le deuxième tiers, mélangez selon le même procédé, puis incorporez le troisième tiers selon la même méthode. Versez cette préparation dans un siphon que vous maintiendrez à 45/50 °C dans un bain-marie, afin de servir cette mousse au chocolat chaude à la minute.

Une fois la crème « brûlée » vanille cuite, laissez-la refroidir au réfrigérateur. Au bout de 30 minutes, déposez une cuillerée de confiture de fruits rouges sur la crème « brûlée », et réservez de nouveau au ré-frigérateur. Ajoutez la mousse au chocolat chaude à l'aide du siphon au moment de la dégustation.

GELÉE LACTÉE, MARRON ET ÉCUME DE SOJA

6 - 8 PERSONNES | À COMMENCER LA VEILLE | PRÉPARATION : 45 MIN | CUISSON : 10 MIN | RÉFRIGÉRATION : 1 NUIT

INGRÉDIENTS
1 paquet de sablés

ÉCUME DE LAIT DE SOJA
4 g de gélatine en feuilles
7,5 cl de lait
40 g de sucre semoule
18 cl de lait de soja
3 cl de crème liquide entière

GELÉE DE CHOCOLAT AU LAIT
2 g de gélatine en feuilles
75 g de chocolat au lait 40 %
17,5 cl de lait
10 g de sucre semoule

VERMICELLES DE MARRON
120 g de crème de marron
80 g de beurre
Rhum selon votre goût (facultatif)

USTENSILES
1 siphon
6/8 verrines
1 poche munie d'une douille
unie de 3 mm

La veille, préparez l'écume de lait de soja.
Faites ramollir la gélatine dans un récipient rempli d'eau froide. Dans une casserole, mélangez le lait, le sucre, le lait de soja et la crème. Portez à ébullition. Hors du feu, incorporez la gélatine essorée. Laissez refroidir et remplissez le siphon avec le mélange. Réservez 1 nuit au réfrigérateur. Au moment de garnir les verrines, ajoutez deux cartouches de gaz pour la crème Chantilly.

Le jour même, réalisez la gelée de chocolat au lait.
Faites ramollir la gélatine dans un récipient rempli d'eau froide. Hachez le chocolat et faites-le fondre doucement au bain-marie ou au four à micro-ondes (position décongélation ou puissance 500 W en remuant de temps en temps). Dans une casserole, faites chauffer le lait et le sucre.
Hors du feu, ajoutez la gélatine bien essorée. Versez progressivement un tiers du mélange bouillant sur

le chocolat fondu. À l'aide d'une maryse, mélangez énergiquement en décrivant de petits cercles pour créer un « noyau » élastique et brillant. Incorporez alors le deuxième tiers, mélangez selon le même procédé, puis incorporez le troisième tiers selon la même méthode. Mixez quelques secondes. Coulez dans les verrines. Réservez au réfrigérateur.

Juste avant de servir.
Préparez les vermicelles de marron : mélangez la crème de marron et le beurre en pommade et ajoutez éventuellement un peu de rhum.

Au moment de servir.
Garnissez de sablés grossièrement écrasés et recouvrez de vermicelles de marron réalisés à l'aide d'une poche à douille. Terminez en surmontant d'écume de lait de soja.

TARTE AU CHOCOLAT SERVIE CHAUDE

6 PERSONNES | À PRÉPARATION : 25 MIN | CUISSON : 25 MIN | RÉFRIGÉRATION : 2 H 30

INGRÉDIENTS
1 pâte sablée maison ou du commerce

GANACHE À CUIRE AU CHOCOLAT NOIR
120 g de chocolat noir 70 %
15 cl de lait

15 cl de crème liquide entière
40 g de sucre semoule
2 jaunes d'œufs

Un peu de poudre de cacao amer
(pour la décoration)

USTENSILES
1 moule à tarte
1 poche à douille

Garnissez de pâte sablée un moule à tarte préalablement beurré. Laissez reposer 30 minutes au réfrigérateur avant d'enfourner 20 minutes environ à 150/160 °C (th. 5/6), jusqu'à l'obtention d'une belle coloration ambrée.

Réalisez la ganache au chocolat noir à cuire.
Hachez le chocolat et faites-le fondre doucement au bain-marie ou au four à micro-ondes (en position décongélation ou puissance 500 W en remuant de temps en temps).
Dans une casserole, portez le lait, la crème liquide et le sucre à ébullition. Versez lentement un tiers du mélange bouillant sur le chocolat fondu. À l'aide d'une maryse, mélangez énergiquement en décrivant de petits cercles pour créer un « noyau » élastique et brillant. Incorporez alors le deuxième tiers, mélangez selon le même procédé, puis incorporez le troisième tiers selon la même méthode. Ajoutez les jaunes d'œufs et réservez au réfrigérateur 1 heure environ.

À l'aide d'une poche à douille, garnissez le fond de tarte de ganache. Enfournez à 180/190 °C (th. 6/7) pendant 5 à 7 minutes. Saupoudrez légèrement de poudre de cacao. Servez aussitôt.

GOURMANDISES DE MANDARINE

POUR 20 À 30 MINI-TARTELETTES | PRÉPARATION : 2 H | CUISSON : 15 MIN | REPOS : 40 MIN | RÉFRIGÉRATION : 2 H

INGRÉDIENTS
1 pâte sablée

GANACHE AU CHOCOLAT NOIR
100 g de chocolat noir 60 %
15 cl de crème liquide entière

25 g de miel
1 pointe de cannelle en poudre

DÉCORATION
10 mandarines sans pépins
1 tablette de chocolat noir 60 %

USTENSILES
Moules à mini-tartelettes

Détaillez la pâte sablée et mettez dans les moules à tartelettes.
Enfournez à 170 °C (th. 5/6) pendant 15 minutes environ. Laissez refroidir.

Réalisez la ganache au chocolat noir.
Hachez le chocolat et faites-le fondre doucement au bain-marie ou au four à micro-ondes (position décongélation ou puissance 500 W en remuant de temps en temps).
Dans une casserole, faites bouillir la crème, la cannelle et le miel. Versez lentement un tiers du mélange bouillant sur le chocolat préalablement fondu. À l'aide d'une maryse, mélangez énergiquement en décrivant de petits cercles pour créer un « noyau » élastique et brillant. Incorporez alors le deuxième tiers, mélangez selon le même procédé, puis incorporez le troisième tiers selon la même méthode. Mixez au mixeur plongeant pour lisser et parfaire l'émulsion. Versez la ganache dans les fonds de tartelettes cuits.

Préparez les suprêmes de mandarines.
À l'aide d'un couteau d'office bien aiguisé, pelez à vif les mandarines, pour en extraire les « suprêmes » ou « segments ». Tenez la mandarine au creux de la main et glissez la lame du couteau le long d'une membrane et jusqu'au centre du fruit. Même chose de l'autre côté du quartier le long de l'autre membrane. Le quartier de mandarine se détache tout seul. Procédez de la même façon pour tous les quartiers. Réservez sur du papier absorbant.

Déposez environ 4 ou 5 suprêmes de mandarines sur chaque tartelette de manière à reconstituer une demi-mandarine. Décorez avec quelques copeaux de chocolat obtenus en râpant une tablette de chocolat avec la pointe d'un économe. Réservez au réfrigérateur avant de déguster.

TARTE SOLEIL POIRES-CHOCOLAT

8 PERSONNES | PRÉPARATION : 45 MIN | CUISSON : 30 MIN | RÉFRIGÉRATION : 1 H 30

INGRÉDIENTS
1 pâte sablée

POIRES AU MIEL
4 poires williams ou doyenne du comice
100 g de miel

FLAN AU CHOCOLAT
6,5 cl de lait entier
12,5 cl de crème liquide entière
1/2 gousse de vanille
1 œuf entier
25 g de sucre semoule

40 g de chocolat noir 70 %

USTENSILES
1 moule à tarte
Emporte-pièces ou verres

Garnissez de pâte sablée un moule préalablement beurré. Étalez les chutes de pâte sur 2 mm d'épaisseur et, à l'aide d'emporte-pièces ou de verres de différentes tailles, détaillez de petits disques qui vous serviront pour le décor. Laissez reposer encore 30 minutes au réfrigérateur.

Faites cuire la tarte et les disques au four à 150/160 °C (th. 5/6), jusqu'à ce que la pâte prenne une belle coloration ambrée.

Préparez les poires au miel.
Épluchez les poires, coupez-les en deux, puis découpez 4 ou 5 quartiers suivant leur grosseur. À l'aide d'un couteau d'office, enlevez la partie centrale et les pépins sur chaque quartier afin d'obtenir des quartiers bien réguliers.

Faites chauffer le miel dans une poêle et caramélisez-le légèrement.

Ajoutez aussitôt quelques quartiers de poires et enrobez-les dans le miel. Laissez cuire 2 à 3 minutes puis réservez-les.

Réalisez le flan au chocolat.
Mettez le lait et la crème dans une casserole. Fendez la gousse de vanille et grattez l'intérieur pour en extraire les grains. Incorporez-les à la crème et au lait, puis portez à ébullition. Laissez tiédir et ajoutez l'œuf, le sucre et le chocolat haché. Mixez et réservez.

Après avoir cuit le fond de tarte, disposez harmonieusement les quartiers de poires au miel. Coulez doucement par le centre le flan au chocolat et terminez la cuisson à 150 °C (th. 5) pendant 10 à 12 minutes.

Dès que le flan est pris, retirez la tarte du four et laissez-la refroidir à température ambiante, puis mettez-la au réfrigérateur au moins 1 heure.

ROYAL

6 - 8 PERSONNES | PRÉPARATION : 2 H | CUISSON : 10 - 12 MIN | RÉFRIGÉRATION : 6 H | CONGÉLATION : 13 H

INGRÉDIENTS

DACQUOISE AUX AMANDES
20 g de farine
50 g de poudre d'amande
60 g de sucre glace
3 blancs d'œufs
30 g de sucre semoule

CROUSTILLANT PRALINÉ
20 g de chocolat au lait 40 %
100 g de praliné
40 g de crêpes dentelle écrasées

MOUSSE AU CHOCOLAT NOIR CRÈME ANGLAISE
110 g de chocolat noir 70 %
1 jaune d'œuf

10 g de sucre semoule
5 cl de lait entier
350 g (150 + 200 g) crème liquide entière

USTENSILES
1 cercle en Inox de ø 16 cm
1 plaque à bûche ou 1 tapis en silicone
1 thermomètre de cuisine

Confectionnez la dacquoise aux amandes.

Dans un saladier, tamisez la farine avec la poudre d'amande et le sucre glace. Montez les blancs en ajoutant le sucre semoule petit à petit et rapidement, afin d'obtenir une consistance parfaitement lisse des blancs montés. Terminez en incorporant à l'aide d'une maryse le mélange tamisé. Étalez sur une plaque à bûche chemisée de papier sulfurisé ou sur un tapis silicone. Enfournez à 180/190 °C (th. 6/7), pendant 8 à 10 minutes.

Réalisez le croustillant praliné.

Hachez le chocolat et faites-le fondre doucement au bain-marie ou au four à micro-ondes (position décongélation ou puissance 500 W en remuant de temps en temps). Ajoutez le praliné au chocolat fondu, incorporez les crêpes dentelles écrasées et mélangez délicatement. Dressez sur le fond de dacquoise et réservez au réfrigérateur.

Réalisez la mousse au chocolat noir crème anglaise.

Hachez le chocolat et faites-le fondre au bain-marie ou au four à micro-ondes (position décongélation ou

puissance 500 W en remuant de temps en temps).
Préparez une crème anglaise :

Dans un saladier, mélangez le jaune d'œuf et le sucre. Versez ce mélange dans une casserole, ajoutez le lait et 150 g de crème, puis faites cuire le tout à feu doux en remuant jusqu'à obtenir une cuisson « à la nappe » qui doit épaissir légèrement. La température doit être comprise entre 82 et 84 °C.

Retirez du feu et coulez la crème anglaise dans un bol profond. Passez-la quelques secondes au mixeur plongeant pour obtenir une texture lisse et onctueuse.

Ajoutez si nécessaire la gélatine essorée.

Versez lentement un tiers de la crème anglaise chaude sur le chocolat fondu.

À l'aide d'une maryse, mélangez énergiquement en décrivant de petits cercles pour créer un « noyau » élastique et brillant. Incorporez alors le deuxième tiers, mélangez selon le même procédé, puis incorporez le troisième tiers selon la même méthode. Mixez pour lisser et parfaire l'émulsion.

Fouettez 250 g de crème bien froide pour lui donner une texture souple et mousseuse dite « montée mousseuse ».

Lorsque la température du mélange atteint 45/50 °C, ajoutez un tiers de la crème montée mousseuse. Mélangez et ajoutez délicatement à l'aide d'une maryse le restant de crème.

Effectuez le montage.
Placez l'insert de dacquoise et praliné croustillant au milieu du moule. Coulez la mousse au chocolat et réservez immédiatement au congélateur. Placez au congélateur environ 12 heures.

Démoulez l'entremets, décorez. Réservez au réfrigérateur au minimum 6 heures et dégustez-le complètement décongelé.

CROQUANT

TARTE EXTRAORDINAIREMENT CHOCOLAT

6 - 8 PERSONNES | PRÉPARATION : 1 H | RÉFRIGÉRATION : 2 H

INGRÉDIENTS
pâte sablée

GANACHE AU CHOCOLAT NOIR
350 g de chocolat noir 70 %

25 cl de crème liquide entière
1 cuillerée à soupe de miel d'acacia
50 g de beurre

USTENSILES
1 moule à tarte
1 thermomètre de cuisine
Feuilles de plastique ou papier sulfurisé

Foncez un moule à tarte avec la pâte sablée. Enfournez 15 à 20 minutes à 150/160 °C (th. 5/6), jusqu'à l'obtention d'une belle coloration ambrée.

Réalisez la ganache au chocolat noir.
Hachez le chocolat et faites-le fondre doucement au bain-marie ou au four à micro-ondes (position décongélation ou puissance 500 W en remuant de temps en temps). Dans une casserole, portez la crème liquide et le miel à ébullition. Versez lentement un tiers du mélange bouillant sur le chocolat fondu.

À l'aide d'une maryse, mélangez énergiquement en décrivant de petits cercles pour créer un « noyau » élastique et brillant. Incorporez alors le deuxième tiers, mélangez selon le même procédé, puis incorporez le troisième tiers selon la même méthode. Lorsque la température atteint 35/40 °C, ajoutez le beurre coupé en dés. Mixez afin de lisser et parfaire l'émulsion.

Coulez immédiatement sur le fond de tarte cuit. Laissez reposer au frais 2 heures environ et servez à température ambiante.

RÈGLES D'OR

6 - 8 PERSONNES | PRÉPARATION : 1 H | CUISSON : 20 MIN | RÉFRIGÉRATION : 3 H 30

INGRÉDIENTS
pâte sablée
Confiture d'orange ou de pamplemousse

GANACHE AU CHOCOLAT NOIR
150 g de chocolat noir 70 %
ou 160 g à 60 %

15 cl de crème liquide entière
50 g de beurre demi-sel

DÉCORATION
Feuilles d'or

USTENSILES
2 règles d'écolier en Inox
de 1 cm de haut
1 plaque à pâtisserie
1 poche à douille
Feuilles de plastique
ou papier sulfurisé

Réalisez les rectangles de pâte.

Détaillez un long rectangle de pâte et posez-le entre 2 règles en Inox beurrées placées sur une plaque à pâtisserie chemisée de papier sulfurisé. Pressez sur les côtés de façon à former une gouttière.

Laissez reposer 30 minutes au réfrigérateur avant d'enfourner à 150/160 °C (th. 5), jusqu'à l'obtention d'une belle coloration ambrée.

Lorsque la pâte est refroidie, déposez un trait de confiture d'orange ou de pamplemousse sur le fond. Obturez les extrémités du rail à l'aide de film alimentaire ou de papier d'aluminium.

Confectionnez la ganache au chocolat noir.

Hachez le chocolat en morceaux et faites-le fondre au bain-marie ou au four à micro-ondes (position décongélation ou puissance 500 W en remuant de temps en temps).

Dans une casserole, portez la crème liquide à ébullition. Versez lentement un tiers du mélange bouillant sur le chocolat fondu. À l'aide d'une maryse, mélangez énergiquement en décrivant de petits cercles pour créer un « noyau » élastique et brillant. Incorporez alors le deuxième tiers, mélangez selon le même procédé, puis incorporez le troisième tiers selon la même méthode. Dès que la ganache atteint 35/40 °C, ajoutez le beurre coupé en dés. Mixez au mixeur plongeant pour lisser et parfaire l'émulsion. Pochez la ganache dans la règle de pâte cuite, tapotez légèrement pour mettre la ganache à niveau et laissez prendre au réfrigérateur pendant 3 heures. Lorsque la ganache est bien prise, retirez le papier d'aluminium et découpez les règles à la taille désirée. Décorez d'une feuille d'or.

TARTE AUX NOIX, CARAMEL ET CHOCOLAT

8 PERSONNES | PRÉPARATION : 45 MIN | CUISSON : 20 MIN | RÉFRIGÉRATION : 2 H 30

INGRÉDIENTS
1 pâte sablée

NOIX AU CARAMEL
10 cl de crème liquide entière
70 g de sucre semoule
30 g de beurre

60 g de chocolat au lait 40 %
50 g de cerneaux de noix

GANACHE AU CAFÉ
80 g de chocolat noir 60 %
7 cl de crème liquide entière
10 g de miel d'acacia

1 cuillerée à soupe de café soluble
15 g de beurre

USTENSILES
1 moule à tarte
1 thermomètre de cuisine

Garnissez avec la pâte sablée un moule à tarte préalablement beurré. Laissez-la reposer 30 minutes au réfrigérateur.

Enfournez pendant 20 minutes environ, à 150/160 °C (th. 5/6) jusqu'à obtenir une coloration ambrée.

Préparez les noix au caramel.
Portez la crème à ébullition. Dans une casserole à fond épais, mettez un tiers du sucre. Faites cuire jusqu'à l'obtention d'un caramel, ajoutez un deuxième tiers de sucre et remuez à nouveau, puis incorporez enfin le dernier tiers.

Lorsque le caramel est cuit, en prenant garde aux éclaboussures, ajoutez le beurre, la crème chaude et laissez bouillir quelques instants.

Incorporez le chocolat au lait haché, puis les cerneaux de noix grossièrement hachés. Coulez dans le fond de tarte cuit et réservez.

Réalisez la ganache au café.
Hachez le chocolat et faites-le fondre doucement au bain-marie ou au four à micro-ondes (position décongélation ou puissance 500 W en remuant de temps en temps). Dans une casserole, faites chauffer la crème, le miel et le café soluble, puis versez lentement un tiers du mélange bouillant sur le chocolat fondu.

À l'aide d'une maryse, mélangez énergiquement en décrivant de petits cercles pour créer un « noyau » élastique et brillant. Incorporez alors le deuxième tiers, mélangez selon le même procédé, puis incorporez le troisième tiers selon la même méthode.

Contrôlez la température. Lorsque la ganache se situe entre 35 et 40 °C, incorporez le beurre et mélangez jusqu'à complète absorption.

Coulez directement sur le fond de tarte déjà garni de noix au caramel et laissez cristalliser 2 heures environ au réfrigérateur.

TARTELETTES AUTREMENT

8 PERSONNES | À COMMENCER LA VEILLE | PRÉPARATION : 45 MIN | CUISSON : 20 MIN | RÉFRIGÉRATION : 1 NUIT

INGRÉDIENTS
1 paquet de galettes bretonnes

CRÉMEUX AU CHOCOLAT NOIR
120 g de chocolat noir 70 %

3 jaunes d'œufs
25 g de sucre semoule
13 cl de lait entier
13 cl de crème liquide entière

USTENSILES
1 thermomètre de cuisine
1 plaque à pâtisserie
1 poche munie d'une grosse douille lisse
(14 à 16)

La veille, réalisez le crémeux au chocolat noir.

Hachez le chocolat et faites-le fondre doucement au bain-marie ou au four à micro-ondes (position décongélation ou puissance 500 W en remuant de temps en temps).

Dans un saladier, mélangez les jaunes d'œufs et le sucre. Versez ce mélange dans une casserole, ajoutez le lait et la crème, puis faites cuire le tout à feu doux en remuant jusqu'à ce que vous obteniez une cuisson à la nappe qui doit épaissir légèrement (température de 82/84 °C). Retirez du feu et coulez la crème anglaise dans un bol profond. Passez-la quelques secondes au mixeur plongeant pour obtenir une texture lisse et onctueuse.

Versez lentement un tiers de la crème anglaise chaude sur le chocolat fondu. À l'aide d'une maryse, mélangez énergiquement en décrivant de petits cercles pour créer un « noyau » élastique et brillant. Incorporez alors le deuxième tiers, mélangez selon le même procédé, puis incorporez le troisième tiers selon la même méthode. Versez dans un récipient, filmez « au contact » et réservez 1 nuit au réfrigérateur.

Le lendemain.

Mettez le crémeux au chocolat dans une poche munie d'une grosse douille lisse, formez une belle boule de crémeux sur une galette. Ajoutez une seconde galette sur la boule de crémeux et pressez légèrement jusqu'à ce que le crémeux arrive à fleur de galette. Répétez la même opération avec les autres galettes.

TRANSPARENCE CHOCOLAT-CAFÉ-CRÈME

6 - 8 PERSONNES | PRÉPARATION : 1 H | RÉFRIGÉRATION : 3 H 30 | CUISSON : 15 MINUTES

INGRÉDIENTS
1 paquet de palets bretons

CRÈME ANGLAISE DE BASE
8 jaunes d'œufs
80 g de sucre semoule
38 cl de lait entier
38 cl de crème liquide entière

CRÈME AU CAFÉ
500 g de crème anglaise de base
(ci-dessus)
10 g de café soluble

CRÉMEUX AU CHOCOLAT
500 g de crème anglaise de base
(ci-dessus)
200 g de chocolat noir 60 %

CHANTILLY VANILLE
200 g de crème liquide entière
20 g de sucre
$1/2$ gousse de vanille

USTENSILES
8 verrines ou coupes
1 thermomètre de cuisine

Émiettez grossièrement les palets bretons et déposez quelques éclats dans le fond des verrines.

Préparez la crème anglaise qui servira de base à la crème café et au crémeux au chocolat.
Dans un saladier, mélangez les jaunes d'œufs et le sucre. Versez ce mélange dans une casserole, ajoutez le lait et la crème, puis faites cuire le tout à feu doux en remuant jusqu'à obtenir une cuisson à la nappe qui doit épaissir légèrement. La température doit être comprise entre 82 et 84 °C.
Retirez du feu et coulez la crème anglaise dans un bol profond. Passez-la quelques secondes au mixeur plongeant pour obtenir une texture lisse et onctueuse.

Préparez la crème au café.
Pesez 500 g de crème anglaise chaude. Ajoutez le café soluble en mélangeant bien. Réservez au réfrigérateur.

Réalisez le crémeux au chocolat en utilisant 500 g de crème anglaise.
Hachez le chocolat et faites-le fondre doucement au bain-marie ou au four à micro-ondes (position décongélation ou puissance 500 W en remuant de temps en temps). Réchauffez la crème anglaise. Versez-en lentement un tiers sur le chocolat fondu. À l'aide d'une maryse, mélangez énergiquement en décrivant de petits cercles pour créer un « noyau » élastique et brillant. Incorporez alors le deuxième tiers, mélangez selon le même procédé, puis incorporez le troisième tiers selon la même méthode. Mixez. Versez dans les verrines sur les cubes de sablés et réser-

vez au réfrigérateur 2 ou 3 heures.
Une fois le crémeux au chocolat cristallisé, versez la crème café et placez à nouveau au réfrigérateur.

Juste avant de servir, préparez la chantilly à la vanille.
Fouettez la crème très froide, le sucre et la gousse de vanille grattée jusqu'à l'obtention d'une crème souple.
Enfin, déposez délicatement un nuage de chantilly vanillée sur la crème café et dégustez aussitôt !

TABLETTES AUX FRUITS FRAIS

POUR 2-3 TABLETTES | PRÉPARATION : 30 MIN | RÉFRIGÉRATION : 1 H

INGRÉDIENTS

TABLETTES DE CHOCOLAT NOIR
200 g de chocolat noir 60 % ou 70 %
70 g de framboises ou 60 g
de myrtilles fraîches

TABLETTES DE CHOCOLAT AU LAIT
200 g de chocolat au lait 40 %
60 g d'abricots frais coupés en 6

USTENSILES
Des moules à tablettes
1 thermomètre de cuisine

Tempérez les chocolats séparément.

Sur une planche, hachez 100 g de chocolat à l'aide d'un couteau-scie, ou mieux, utilisez du chocolat de couverture conditionné en fèves, palets ou pastilles. Mettez les morceaux de chocolat haché dans un récipient. Remplissez une casserole d'eau chaude en vous arrêtant à mi-hauteur. Placez le récipient au-dessus, en vérifiant que celui-ci ne touche pas le fond de la casserole. Faites chauffer à feu doux, en prenant soin de ne pas faire bouillir l'eau. L'utilisation du four à micro-ondes est possible, mais en position décongélation ou à la puissance de 500 W maximum.

Mélangez régulièrement à l'aide d'une maryse, afin d'homogénéiser la fonte. Contrôlez la température avec le thermomètre. Lorsque la température a atteint 55/58 °C, retirez le chocolat du bain-marie et ajoutez 100 g de chocolat minutieusement haché (ou mixé au robot). Remuez constamment. Le chocolat doit atteindre 28/29 °C pour le chocolat noir, 27/28 °C pour le chocolat au lait.

Placez le saladier au bain-marie un bref instant pour faire remonter la température. Vous devez atteindre 31/32 °C pour le chocolat noir, 29/30 °C pour le chocolat au lait. Retirez du bain-marie en mélangeant.

Dans un saladier, mélangez rapidement les fruits à température ambiante avec le chocolat tempéré. Placez aussitôt dans les moules à l'aide d'une cuillère et faites vibrer pour égaliser la surface.

Laissez reposer 1 heure au réfrigérateur, démoulez et dégustez.

TABLETTES CONGOLAISES

POUR 4 TABLETTES | À FAIRE L'AVANT-VEILLE | PRÉPARATION : 30 MIN | CRISTALLISATION : 48 H

INGRÉDIENTS
200 g de chocolat blanc 35 %

GANACHE CHOCOLAT BLANC/COCO
7 cl de lait de coco

2,2 cl de liqueur de coco
(type Malibu)
16 g de sucre semoule
145 g de chocolat blanc 35 %
8 g de noix de coco râpée grillée

USTENSILES
Des moules à tablettes
1 thermomètre de cuisine
1 poche à douille

Selon la méthode de votre choix (voir p. 17). Moulez assez finement 4 moules à tablettes. Laissez cristalliser à température ambiante.

Préparez une ganache chocolat blanc-coco. Faites chauffer le lait de coco et la liqueur de coco. Dans une casserole à fond épais, faites cuire le sucre jusqu'à l'obtention d'un caramel. Lorsque le caramel est cuit, ajoutez le lait de coco à la liqueur en prenant garde aux éclaboussures. Hachez le chocolat blanc et faites-le fondre doucement au bain-marie ou au four à micro-ondes (position décongélation ou puissance 500 W en remuant de temps en temps). Versez doucement un tiers du caramel au lait de coco sur le chocolat fondu.
À l'aide d'une maryse, mélangez énergiquement en décrivant de petits cercles pour créer un « noyau » élastique et brillant. Incorporez alors le deuxième tiers, mélangez selon le même procédé, puis incorporez le troisième tiers selon la même méthode. Ajoutez la noix de coco légèrement torréfiée.

Lorsque la température de la ganache a atteint 28 °C, garnissez les moules à tablettes chemisés de chocolat à l'aide d'une poche à douille, en prenant soin de laisser 2 mm environ en dessous du bord afin de pouvoir obturer les tablettes. Puis laissez cristalliser 24 heures dans une pièce fraîche.

Le lendemain, pour finir, obturez (fermez) les tablettes avec du chocolat blanc tempéré. Laissez cristalliser 24 heures dans une pièce fraîche.

PALETS OR

POUR ENVIRON 50 PALETS | À COMMENCER LA VEILLE | PRÉPARATION : 40 MIN | CRISTALLISATION : 1 NUIT · 5 H

INGRÉDIENTS
GANACHE AU CHOCOLAT NOIR
225 g de chocolat noir 70 %
20 cl de crème liquide entière
40 g de miel d'acacia
1/2 gousse de vanille
50 g de beurre

ENROBAGE ET DÉCORATION
500 g de chocolat noir 70 %
Feuilles d'or

USTENSILES
1 thermomètre de cuisine
1 poche à douille

1 tapis en silicone ou 1 plaque recouverte de papier sulfurisé
1 fourchette à tremper

Réalisez la ganache au chocolat noir.
Hachez le chocolat et faites-le fondre au bain-marie ou au four à micro-ondes (position décongélation ou puissance 500 W en remuant de temps en temps). Dans une casserole, portez à ébullition la crème liquide, le miel et la gousse de vanille fendue et grattée. Laissez infuser quelques minutes et filtrez. Versez lentement un tiers du mélange bouillant sur le chocolat fondu. À l'aide d'une maryse, mélangez énergiquement en décrivant de petits cercles pour créer un « noyau » élastique et brillant. Incorporez alors le deuxième tiers, mélangez selon le même procédé, puis incorporez le troisième tiers selon la même méthode. Dès que la ganache est à 35/40 °C, ajoutez le beurre coupé en dès. Mixez pour lisser et parfaire l'émulsion. Laissez cristalliser au minimum 3 heures.

Dès que la consistance le permet, dressez à l'aide d'une poche à douille des petites boules de la taille d'une truffe sur un tapis de silicone ou une plaque recouverte de papier sulfurisé.
Apposez une autre feuille de papier sulfurisé. Posez une plaque à pâtisserie sur la feuille en appuyant légèrement de façon a aplatir les boules de ganache et obtenir alors des palets.
Retirez la plaque et laissez cristalliser 1 nuit.

Procédez à l'enrobage.
Chemisez une plaque avec du papier sulfurisé, ou mieux, avec une feuille de plastique. Tempérez le chocolat (voir p. 13). Versez le chocolat tempéré dans un grand saladier. Retirez précautionneusement la feuille de protection des palets de ganache.

Chablonnez vos palets (voir p. 18).
Placez le palet face chablonnée sur les dents d'une fourchette à tremper et déposez-le dans le chocolat tempéré. Appuyez légèrement avec l'extrémité de la fourchette afin d'immerger complètement le bonbon. Récupérez le bonbon avec la fourchette et retrempez trois ou quatre fois le talon du palet afin de créer un phénomène de succion qui évitera d'avoir une couche trop épaisse de chocolat. Raclez ensuite la fourchette à tremper sur le bord du saladier de façon à obtenir une fine couche de chocolat. Déposez délicatement sur la plaque préparée.
Déposez une pointe d'or sur chaque palet. Laissez cristalliser.

MÉLI-MÉLO DE FRUITS EXOTIQUES, CRÉMEUX DE CHOCOLAT BLANC AU CITRON VERT

6 - 8 PERSONNES | À COMMENCER LA VEILLE | PRÉPARATION : 1 H 30 | RÉFRIGÉRATION : 1 NUIT | CUISSON : 10 MINUTES | REPOS : 15 MIN

INGRÉDIENTS

CRÉMEUX DE CHOCOLAT BLANC AU CITRON VERT

Le zeste de 2 citrons verts non traités
3 g de gélatine en feuilles
5 jaunes d'œufs
50 g de sucre semoule
25 cl de lait entier
25 cl de crème liquide entière
225 g de chocolat blanc 35 %

CROUSTILLANTS DE PÂTE FILO

1 paquet de pâte filo
50 g de beurre
Sucre glace

MÉLI-MÉLO DE FRUITS

1 banane
$^1/_2$ pamplemousse
$^1/_2$ ananas
1 orange
1 mangue

USTENSILES

1 thermomètre de cuisine
1 plaque à pâtisserie

La veille préparez le crémeux de chocolat blanc au citron vert.

Zestez les citrons verts et hachez finement les zestes. Faites ramollir la gélatine dans un récipient rempli d'eau froide. Pendant ce temps, dans un saladier, mélangez les jaunes d'œufs, le sucre et les zestes. Versez dans une casserole, ajoutez le lait et la crème, puis faites cuire le tout à feu doux en remuant jusqu'à obtenir une cuisson à la nappe qui doit épaissir légèrement (température de 82/84 °C). Retirez du feu et coulez la crème anglaise dans un saladier. Passez-la quelques secondes au mixeur plongeant pour obtenir une texture lisse et onctueuse. Ajoutez la gélatine essorée à la crème anglaise. Passez au chinois. Hachez le chocolat et faites-le fondre doucement au bain-marie ou au four à micro-ondes (position décongélation ou puissance 500 W en remuant de temps en temps). Versez lentement un tiers de crème anglaise chaude sur le chocolat fondu. À l'aide d'une maryse, mélangez énergiquement en décrivant de petits cercles pour créer un « noyau » élastique et brillant. Incorporez alors le deuxième tiers, mélangez selon le même procédé, puis incorporez le troisième tiers selon la même méthode. Mixez. Réservez 1 nuit au réfrigérateur.

Le lendemain préparez les croustillants de pâte filo.

Déroulez et séparez en deux les feuilles de pâte filo. Froissez-les en leur donnant du volume. Déposez-

les sur une plaque et laissez sécher 15 minutes environ. Pendant ce temps, faites fondre le beurre dans
une casserole, puis arrosez légèrement les feuilles
de beurre fondu. Saupoudrez-les de sucre glace
et faites-les cuire au four à 180 °C (th. 6) pendant
quelques minutes, jusqu'à ce qu'elles dorent et cara-
mélisent.

Épluchez et coupez les fruits en petits dés. Disposez-les dans des assiettes creuses. Au moment de
servir, déposez sur chaque assiette une quenelle de
crémeux de chocolat blanc au citron vert et décorez
d'un croustillant de pâte filo.

COOKIES

POUR UNE TRENTAINE DE COOKIES | PRÉPARATION : 15 MIN | CUISSON : 12 MINUTES PAR FOURNÉE

INGRÉDIENTS
180 g de beurre
120 g de cassonade
1 œuf entier
180 g de farine

1/2 sachet (5 g) de levure chimique
150 g de chocolat haché
150 g de mélange de noix (pécan, macadamia, cajou, Grenoble, etc.)
3 caramels longs coupés en morceaux

USTENSILE
1 plaque à pâtisserie

Dans un saladier, mélangez le beurre en pommade avec la cassonade. Ajoutez l'œuf. Incorporez la farine et la levure chimique tamisées ensemble. Versez le chocolat haché, les noix grossièrement hachées, et les morceaux de caramel. Mélangez bien.

Façonnez de petites boules de pâte que vous aplatirez légèrement.

Posez les cookies sur une plaque à pâtisserie chemisée de papier sulfurisé et enfournez à 170 °C (th. 5/6) pendant 12 minutes environ.

PANNACOTTA DULCEY

POUR 10 VERRINES | PRÉPARATION : 40 MIN | RÉFRIGÉRATION : 45 MIN | CUISSON : 20 MIN

INGRÉDIENTS

PANNACOTTA
210 g de chocolat Dulcey 32 %
10 g de glucose
125 g de lait
2,5 g de gélatine en feuilles
250 g de crème fleurette

STREUZEL AMANDES
25 g de beurre sec 84 %
25 g de cassonade
25 g de farine T55
25 g de poudre d'amandes

MARMELADE (MANGUE-BANANE)
190 g de mangue
70 g de pulpe de mangue
25 g de pulpe de banane
20 g de cassonade

Préparez la pannacotta.

Faites fondre le chocolat à 40 °C et ajoutez le glucose. Portez le lait à ébullition. Ajoutez la gélatine trempée et essorée. Filtrez dans un chinois. Versez petit à petit sur le chocolat fondu, de façon à obtenir une texture élastique et brillante. Ajoutez à cette préparation la crème fleurette liquide et froide. Mixez quelques secondes. Laissez cristalliser (durcir) au réfrigérateur.

Réalisez le streuzel amandes.

Découper le beurre froid en petits cubes. Tamisez ensemble les poudres. Ajoutez le beurre et mélangez au batteur à l'aide de la feuille. De petites boules se forment, puis se transforment en une pâte peu homogène. Arrêtez le mélange et mettez cette pâte au réfrigérateur 30 minutes environ. Passez la pâte bien froide à travers un panier à friteuse pour obtenir des granulés réguliers. Conservez au froid ou au congélateur jusqu'à la cuisson. Faites cuire ces granulés à 150/160 °C (th. 5) pendant 10 minutes environ jusqu'à obtention d'une coloration d'un beau brun doré.

Préparez la marmelade (mangue-banane)

Coupez des dés de mangue de 1,5 cm. Portez à ébullition la pulpe de mangue, la pulpe de banane et le sucre de cassonade. Ajoutez les cubes de mangue et réservez au réfrigérateur.

Procédez au montage et à la finition.

Étalez entre deux feuilles de rhodoïd de la couverture tempérée de Dulcey et détaillez des rectangles de 1,5 x 10 cm à l'aide d'une roulette. À l'aide d'une poche coulez 30 g de marmelade mangue, banane par verre et réservez au congélateur 5 minutes de façon à congeler la surface de la marmelade. Coulez immédiatement la pannacotta tempérée dans le verre et réservez le tout au réfrigérateur. Au moment de servir déposez 10 g de morceaux de streuzel amandes et ajoutez, si vous le souhaitez, quelques décors en chocolat Dulcey.

MOUSSEUX

TARTELETTES CHOCOLAT-CLÉMENTINE ET FLEUR D'ORANGER

6 - 8 PERSONNES | PRÉPARATION : 1 H | CUISSON : 20 MIN | RÉFRIGÉRATION : 3 H 40

INGRÉDIENTS
1 pâte sablée maison ou du commerce

CRÉMEUX AU CHOCOLAT AU LAIT/CLÉMENTINE
140 g de chocolat au lait 40 %
2 jaunes d'œufs
25 g de sucre semoule
12,5 cl de lait

12,5 cl de crème liquide entière
Le zeste de 1 clémentine non traitée

CHANTILLY À L'EAU DE FLEUR D'ORANGER
1/4 de gousse de vanille
25 cl de crème liquide entière
25 g de sucre semoule
Quelques gouttes d'eau de fleur d'oranger

USTENSILES
Moules à tartelettes
1 poche à pâtisserie munie
d'une douille lisse
1 thermomètre de cuisine

Garnissez de pâte sablée un moule à tarte préalablement beurré. Laissez reposer 30 minutes au réfrigérateur avant d'enfourner à 150/160 °C (th. 5) 15 minutes, jusqu'à l'obtention d'une belle coloration ambrée.

Préparez le crémeux au chocolat au lait-clémentine.
Hachez le chocolat et faites-le fondre doucement au bain-marie ou au four à micro-ondes (position décongélation ou puissance 500 W, en remuant de temps en temps). Dans un saladier, mélangez les jaunes d'œufs et le sucre. Ajoutez le lait, la crème et le zeste de clémentine. Versez dans une casserole. Faites cuire à feu doux. Remuez jusqu'à obtenir une cuisson à la nappe qui doit épaissir légèrement (température 82/84 °C). Retirez du feu, filtrez et coulez la crème dans un saladier. Passez-la quelques secondes au mixeur plongeant pour obtenir une texture lisse et onctueuse. Versez lentement un tiers du mélange sur le chocolat fondu. À l'aide d'une maryse, mélangez énergiquement en décrivant de petits cercles pour créer un « noyau » élastique et brillant. Incorporez alors le deuxième tiers, mélangez selon le même procédé, puis incorporez le troisième tiers selon la même méthode. Versez dans un récipient, filmez « au contact » et réservez au réfrigérateur.

Une fois les fonds de tartelette cuits, coulez à l'intérieur le crémeux chocolat-clémentine, et laissez prendre au réfrigérateur au minimum 2 heures.

Réalisez la chantilly à l'eau de fleur d'oranger.
Fendez la gousse de vanille et grattez l'intérieur pour en extraire les grains. Dans un saladier, versez la crème très froide, le sucre semoule, les grains de vanille et l'eau de fleur d'oranger. Fouettez jusqu'à obtenir la consistance d'une chantilly légère.

À l'aide d'une poche munie d'une douille lisse, formez sur les tartelettes une boule de chantilly à l'eau de fleur d'oranger et décorez d'une tranche de clémentine séchée.

TARTE ANANAS ET MANGUE À LA CORIANDRE FRAÎCHE

6 - 8 PERSONNES | PRÉPARATION : 2 H | CUISSON : 10 - 15 MIN | CONGÉLATION : 30 MIN | RÉFRIGÉRATION : 2 H 30

INGRÉDIENTS

PÂTE STREUZEL CACAO

75 g de poudre d'amande
75 g de farine
10 g de poudre de cacao amer
75 g de cassonade
3 g de fleur de sel
75 g de beurre

MOUSSE LÉGÈRE IVOIRE/PASSION

3 g de gélatine en feuilles
150 g de chocolat blanc 35 %
9 cl de lait entier
16 cl de crème liquide entière
1/2 fruit de la Passion

GARNITURE

1/2 ananas
1 mangue
1/2 botte de coriandre fraîche

USTENSILES

Des emporte-pièces carrés ou
de la forme désirée
1 plaque à pâtisserie
1 thermomètre de cuisine

Réalisez le streuzel cacao.

Dans un saladier, tamisez et mélangez les poudres (poudre d'amande, farine, cacao, cassonade) ensemble. Découpez le beurre froid en petits cubes, ajoutez-le à la préparation et mélangez à la main pour former un mélange sableux. Réservez au congélateur 30 minutes au minimum.

Déposez les emporte-pièces carrés sur une plaque de cuisson chemisée de papier sulfurisé, puis garnissez-les de streuzel cacao. Faites cuire à 150/160 °C (th. 5/6) 10 à 15 minutes environ. Laissez refroidir à température ambiante.

Préparez la mousse légère ivoire/passion.

Faites ramollir la gélatine dans un récipient rempli d'eau froide.

Hachez le chocolat et faites-le fondre doucement au bain-marie ou au four à micro-ondes (position décongélation ou puissance 500 W en remuant de temps en temps).

Faites bouillir le lait, ajoutez la gélatine égouttée, mélangez. Versez lentement un tiers du mélange bouillant sur le chocolat fondu. À l'aide d'une maryse, mélangez énergiquement en décrivant de petits cercles pour créer un « noyau » élastique et brillant. Incorporez alors le deuxième tiers, mélangez selon le même procédé, puis incorporez le troisième tiers selon la même méthode.

Dans un saladier, fouettez la crème liquide entière pour lui donner une texture souple et mousseuse dite « montée mousseuse ». Une fois le mélange lait-gélatine-chocolat à 30 °C, ajoutez la crème montée mousseuse et mélangez délicatement tout en incorporant les graines de fruits de la Passion, puis coulez aussitôt le tout dans les emporte-pièces carrés par-dessus le streuzel cacao cuit. Conservez au réfrigérateur pendant 1 à 2 heures.

Pelez l'ananas et la mangue et détaillez-les en cubes de différentes tailles. Effeuillez et ciselez la coriandre fraîche. Dans un récipient, mélangez délicatement les cubes de fruits et parsemez de coriandre.

Décerclez les carrés. Décorez de cubes de fruits à
la coriandre. Conservez au réfrigérateur jusqu'au
moment de la dégustation.

MOUSSE AU CHOCOLAT NOIR

6 - 8 PERSONNES | PRÉPARATION : 15 MIN | RÉFRIGÉRATION : 12 H

INGRÉDIENTS
MOUSSE AU CHOCOLAT NOIR
300 g de chocolat noir 70 %
15 cl de crème liquide entière
3 jaunes d'œufs (60 g)

6 à 7 blancs d'œufs (200 g)
50 g de sucre semoule

SAUCE CHOCOLAT
85 g de chocolat noir 70 %

10 cl de lait entier

USTENSILE
1 thermomètre de cuisine

Réalisez la mousse au chocolat.
Hachez le chocolat et faites-le fondre au bain-marie ou au four à micro-ondes (position décongélation ou puissance 500 W en remuant de temps en temps).

Dans une casserole, portez la crème à ébullition. Versez lentement un tiers de la crème chaude sur le chocolat fondu. À l'aide d'une maryse, mélangez énergiquement en décrivant de petits cercles pour créer un « noyau » élastique et brillant. Incorporez alors le deuxième tiers, mélangez selon le même procédé, puis incorporez le troisième tiers selon la même méthode. Ajoutez les jaunes d'œufs pour lisser l'ensemble.

Parallèlement, montez les blancs en neige en ajoutant une toute petite partie du sucre dès le départ et le reste sur la fin. Lorsque le mélange chocolat a atteint 45/50 °C, incorporez un quart des blancs montés, mélangez, puis incorporez délicatement le reste.

Réservez 12 heures au réfrigérateur.

Réalisez la sauce chocolat (voir p. 33).
Trente minutes avant la dégustation, sortez les mousses du réfrigérateur et accompagnez de sauce tiède ou froide.

MOUSSE IVOIRE FLEUR D'ORANGER, CŒUR PRALINÉ

12 PERSONNES | PRÉPARATION : 40 MIN | CUISSON : 12 MIN | RÉFRIGÉRATION : 2 H | CONGÉLATION : 6 H

INGRÉDIENTS

BISCUIT AMANDES/PRALINÉ
2 œufs entiers
25 g de miel toutes fleurs
30 g de sucre semoule
45 g de praliné
30 g de poudre d'amande
25 g de farine
3 g de levure chimique
5 cl de crème liquide entière
30 g de beurre

CŒUR PRALINÉ
1 g de gélatine en feuilles
100 g (10 cl) de crème liquide entière
150 g de praliné

MOUSSE CHOCOLAT/FLEUR D'ORANGER
130 g de chocolat blanc 35 %
4 g de gélatine en feuilles
7 cl de lait entier
15 cl de crème liquide entière
5 ml d'eau de fleur d'oranger

Noisettes entières
Perles de chocolat

USTENSILES
1 thermomètre de cuisine
1 plaque à pâtisserie ou 1 tapis en silicone
1 emporte-pièce ø 3 cm
1 poche à douille
Des moules à glaçons en silicone
12 cercles individuels

Confectionnez le biscuit amandes-praliné.
Mélangez les œufs, le miel et le sucre semoule. Incorporez le praliné. Ajoutez la poudre d'amande, la farine et la levure chimique tamisées ensemble. Dans une casserole, faites chauffer la crème à 45/50 °C et ajoutez le beurre. Incorporez au premier mélange. Laissez reposer 2 heures au réfrigérateur. Versez sur une plaque à pâtisserie chemisée de papier sulfurisé ou un tapis en silicone et enfournez à 180 °C (th. 6) pendant environ 12 minutes. Après cuisson, découpez à l'aide d'un emporte-pièce des disques de 3 cm de diamètre.

Réalisez le crémeux praliné.
Faites ramollir la gélatine dans un récipient rempli d'eau froide. Dans une casserole, faites chauffer la crème liquide entière. Hors du feu, ajoutez la gélatine essorée. Versez le mélange sur le praliné selon la règle des trois tiers (voir Royal p. 132). À l'aide d'une poche, dressez le crémeux praliné dans les moules à glaçons en silicone. Placez au congélateur 3 heures minimum.

Réalisez la mousse chocolat-fleur d'oranger.
Hachez le chocolat et faites-le fondre au bain-marie ou au four à micro-ondes (position décongélation ou puissance 500 W en remuant de temps en temps). Faites tremper la gélatine dans un récipient rempli d'eau froide. Dans une casserole, portez le lait à ébullition et, hors du feu, ajoutez la gélatine essorée. Versez lentement le lait chaud sur le chocolat fondu selon la règle des trois tiers (voir Royal p. 132). Dans un saladier, fouettez la crème froide pour lui donner une texture souple et mousseuse dite « montée mousseuse ». Lorsque le mélange chocolat est à 35/45 °C, incorporez-le à la crème montée mousseuse en mélangeant délicatement à l'aide d'une maryse. Ajoutez l'eau de fleur d'oranger.

Posez les cercles individuels sur une plaque à pâtisserie chemisée de papier sulfurisé. Placez les biscuits dans les cercles, démoulez les glaçons de crémeux sur les biscuits. Puis, coulez la mousse au chocolat fleur d'oranger et congelez 3 heures.

Démoulez et décorez à votre guise, par exemple de quelques noisettes caramélisées et de perles de chocolat.

SPOON
CHOCOLAT-CARAMEL

6 - 8 PERSONNES | À COMMENCER LA VEILLE | PRÉPARATION : 1 H 30 | RÉFRIGÉRATION : 1 NUIT

INGRÉDIENTS
1 pot de pâte à tartiner caramel
beurre salé
Fruits secs de votre choix

MOUSSE AU CHOCOLAT
180 g de chocolat noir 60 %
3 g de gélatine en feuilles
17 cl de lait entier
35 cl de crème liquide entière

USTENSILES
1 thermomètre de cuisine

La veille, confectionnez la mousse au chocolat.
Hachez le chocolat et faites-le fondre doucement au bain-marie ou au four à micro-ondes (position décongélation ou puissance 500 W en remuant de temps en temps).

Faites ramollir la gélatine dans un récipient rempli d'eau froide.

Dans une casserole, faites bouillir le lait et, hors du feu, incorporez la gélatine essorée. Versez lentement un tiers du liquide bouillant sur le chocolat fondu. À l'aide d'une maryse, mélangez énergiquement en décrivant de petits cercles pour créer un « noyau » élastique et brillant. Incorporez alors le deuxième tiers, mélangez selon le même procédé, puis incorporez le troisième tiers selon la même méthode.

Dans un saladier, fouettez la crème liquide entière pour lui donner une texture souple et mousseuse dite « montée mousseuse ». Vérifiez que le mélange lait-chocolat a atteint la température de 35/45 °C et versez dans la crème mousseuse. Mélangez délicatement. Réservez 1 nuit au réfrigérateur.

Le lendemain.
Déposez de petites quantités de mousse sur des cuillères (spoon), nappez de pâte à tartiner au caramel et parsemez de fruits secs.

MIGNARDISES POIRE-CARAMEL LACTÉES

6 - 8 PERSONNES | PRÉPARATION : 1 H 30 | CUISSON : 10 MIN | CONGÉLATION : 3 H 30

INGRÉDIENTS
1 pâte sablée
1 poire au sirop

MOUSSE CHOCOLAT/CARAMEL/VANILLE
100 g de chocolat au lait 40 %
2 g de gélatine en feuilles
30 g de sucre semoule
250 g (50 + 200 g) de crème liquide entière

2 jaunes d'œufs
1/2 gousse de vanille

GLAÇAGE CHOCOLAT BLANC AU CARAMEL
265 g de chocolat blanc 35 %
4 g de gélatine en feuilles
17,5 cl de crème liquide entière
4 cl d'eau
30 g de sirop de glucose

50 g de sucre semoule
2,5 cl d'huile de pépin de raisin

USTENSILES
1 thermomètre de cuisine
Des moules en silicone carrés de petite taille
1 plaque à pâtisserie

Découpez des carrés de pâte sablée légèrement plus petits que vos moules. Déposez-les sur une plaque à pâtisserie chemisée de papier sulfurisé. Enfournez à 150/160 °C (th. 5) environ 10 minutes.

Réalisez la mousse au chocolat-caramel-vanille.
Hachez le chocolat et faites-le fondre (voir p. 10). Faites tremper la gélatine dans un récipient rempli d'eau froide. Faites cuire le sucre jusqu'à l'obtention d'un caramel et ajoutez 50 g de crème. Versez sur les jaunes battus, ajoutez les grains de vanille et portez à nouveau sur le feu, comme pour une crème anglaise. Ajoutez la gélatine essorée. Coulez dans un bol profond. Passez quelques secondes au mixeur plongeant pour obtenir une texture lisse et onctueuse. Incorporez la crème anglaise chaude au chocolat fondu en suivant la règle des trois tiers. Mixez pour lisser et parfaire l'émulsion. Dans un saladier, fouettez 200 g de crème froide pour lui donner une texture souple et mousseuse dite « montée mousseuse ». Lorsque la température du mélange atteint 45/50 °C, ajoutez un tiers de la crème montée mousseuse. Mélangez et ajoutez délicatement à l'aide d'une maryse le restant de crème. Coulez la mousse dans les mini-moules. Déposez dessus un petit carré de fond de pâte sablée cuit. Placez au congélateur pendant 3 heures environ.

Préparez l'écrasée de poire citronnée.
Coupez-la poire au sirop en petits morceaux puis disposez dans un bol. Ajoutez le jus de citron.

Une fois les mousses complètement congelées, démoulez-les et retournez-les, puis déposez au sommet l'écrasée de poire. Placez à nouveau au congélateur pendant 30 minutes.

Réalisez le glaçage chocolat blanc au caramel.
Hachez le chocolat et faites-le fondre (voir p. 10). Faites tremper la gélatine dans un récipient rem-

pli d'eau froide. Dans une casserole, chauffez la crème liquide, l'eau et le sirop de glucose. Hors du feu, ajoutez la gélatine essorée. Dans une casserole à fond épais, mettez le sucre. Faites cuire jusqu'à obtention d'un caramel, et ajoutez le mélange précédent. Incorporez cette crème chaude au chocolat fondu en suivant la règle des trois tiers (voir Royal p. 132). Ajoutez l'huile de pépin de raisin. Mixez en veillant à ne pas incorporer d'air. Nappez les mignardises de glaçage chocolat blanc au caramel à la sortie du congélateur et réservez au réfrigérateur jusqu'au moment de la dégustation.

MISTER CLOWN

8 PERSONNES | PRÉPARATION : 1 H 30 | CUISSON : 10 MIN | CONGÉLATION : 4 H

INGRÉDIENTS

CAKE AU CHOCOLAT
35 g de chocolat noir 60 %
60 g de beurre
3 œufs entiers
50 g de miel
80 g de sucre semoule
50 g de poudre d'amande
80 g de farine
5 g de levure chimique
15 g de poudre de cacao amer

8 cl de crème liquide entière

MOUSSE CHANTILLY AU CHOCOLAT NOIR
180 g de chocolat noir 60 %
300 g (200 + 100 g) de crème liquide entière

ENROBAGE CRAQUANT AUX AMANDES
70 g d'amandes hachées
300 g de chocolat noir 60 %
3 cl d'huile de pépin de raisin

CHOCOLAT BLANC ET NOIR
Différents coulis de fruits du commerce ou maison

USTENSILES
1 thermomètre de cuisine
1 cadre de 24 x 34 cm
1 plaque à pâtisserie ou un tapis en silicone
8 cercles de ø 75 mm

Préparez le cake au chocolat (voir p. 22) en utilisant les proportions ci-contre.

Déposez un cadre de 24 x 34 cm sur une plaque à pâtisserie chemisée de papier sulfurisé ou sur un tapis en silicone et coulez la pâte à cake dans le cadre. Enfournez à 180 °C (th. 6) environ 8 à 10 minutes. Détaillez à l'emporte-pièce 8 disques de 75 mm de diamètre.

Réalisez la mousse chantilly au chocolat (voir p. 16) en utilisant les proportions ci-contre.

Procédez au montage.

Placez les cercles individuels sur une plaque chemisée de papier sulfurisé. Déposez un disque de biscuit et recouvrez d'une couche d'environ 2 à 3 cm de mousse chantilly au chocolat. Réservez au congélateur environ 4 heures. Démoulez ces palets et conservez-les au congélateur.

Préparez l'enrobage craquant aux amandes.

Torréfiez les amandes hachées quelques minutes dans un four à 160 °C (th. 5/6). Laissez refroidir. Faites fondre le chocolat au bain-marie ou au four à micro-ondes (position décongélation ou puissance 500 W en remuant de temps en temps). Ajoutez l'huile, mélangez, puis ajoutez les amandes torréfiées.

Plantez la pointe d'un couteau d'office dans le biscuit au chocolat et plongez-le encore congelé dans l'enrobage croquant. Retirez-le immédiatement en égouttant l'enrobage et placez chaque palet enrobé sur une assiette de service.

Préparez deux cornets papier avec du chocolat noir et blanc fondus. Dessinez avec le cornet au chocolat blanc les yeux et la bouche sur le palet chocolat, puis avec le cornet noir, dessinez sur l'assiette de service le corps du personnage. Invitez les enfants à décorer leur clown avec les différents coulis qui auront été placés dans des coupelles, avec des pinceaux ou mieux, des petites pipettes.

GLASGOW

POUR 16 PETITS GÂTEAUX OVALES | À COMMENCER LA VEILLE | PRÉPARATION : 45 MIN | CUISSON : 45 MIN | TREMPAGE : 1 H 30 | CONGÉLATION : 1 NUIT

INGRÉDIENTS

RAISINS AU WHISKY
10 cl de whisky
120 g raisins blonds de type Sultana

DACQUOISE AUX AMANDES
30 g de farine
85 g de poudre d'amande
100 g de sucre glace
3 blancs d'œufs
50 g de sucre semoule

MOUSSE AU CHOCOLAT NOIR À BASE DE CRÈME ANGLAISE
165 g de chocolat noir 70 %
7,5 cl de lait entier
300 g (75 + 225 g) de crème liquide entière
1 jaune d'œuf
15 g de sucre semoule

CRÈME FOUETTÉE AU WHISKY
20 cl de crème liquide entière
20 g de sucre glace
2,5 cl de whisky

USTENSILES
16 moules en silicone ovales
1 thermomètre de cuisine
1 plaque à pâtisserie ou 1 tapis en silicone

La veille, préparez les raisins au whisky.
Faites chauffer le whisky et versez-le bouillant sur les raisins. Couvrez et laissez tremper pendant 1 h 30 environ.

Confectionnez la dacquoise aux amandes.
Dans un saladier, tamisez la farine avec la poudre d'amande, et le sucre glace.
Montez les blancs en neige en ajoutant dès le départ les 35 g de sucre semoule. Terminez en incorporant délicatement à la maryse le mélange de poudres tamisées.
À l'aide d'une spatule coudée, étalez cette préparation sur une plaque à pâtisserie chemisée de papier sulfurisé ou un tapis en silicone. Réservez 2 cuillerées à soupe de pâte. Enfournez à 180/190 °C (th. 6/7) pendant 8 à 10 minutes.
Étalez sur une feuille de papier cuisson le reste de la dacquoise sous forme de petites larmes. Enfournez à 120 °C (th. 4) pendant 35 minutes environ. Conservez dans un endroit sec.

Réalisez la mousse au chocolat noir.
Hachez le chocolat et faites-le fondre au bain-marie ou au four à micro-ondes (position décongélation ou puissance 500 W en remuant de temps en temps).
Préparez une crème anglaise :
Dans un saladier, mélangez les jaunes d'œufs et le sucre. Versez ce mélange dans une casserole, ajoutez le lait et 75 g de crème, puis faites cuire le tout à feu doux en remuant jusqu'à obtenir une cuisson à la nappe qui doit épaissir légèrement. La température doit être comprise entre 82 et 84 °C.
Retirez du feu et coulez la crème anglaise dans un bol profond. Passez-la quelques secondes au mixeur plongeant pour obtenir une texture lisse et onctueuse.
Ajoutez si nécessaire la gélatine essorée.
Versez lentement un tiers de la crème anglaise chaude sur le chocolat fondu.
À l'aide d'une maryse, mélangez énergiquement en décrivant de petits cercles pour créer un « noyau » élastique et brillant. Incorporez alors le deuxième

tiers, mélangez selon le même procédé, puis incorporez le troisième tiers selon la même méthode. Mixez pour lisser et parfaire l'émulsion.

Fouettez 225 g de crème bien froide pour lui donner une texture souple et mousseuse dite « montée mousseuse ». Lorsque la température du mélange atteint 45/50 °C, ajoutez un tiers de la crème montée mousseuse. Mélangez et ajoutez délicatement à l'aide d'une maryse le restant de crème.

Coulez la mousse dans les moules, parsemez de 6 g de raisins au whisky. Découpez 16 fonds de dac-quoise d'une taille légèrement inférieure à celle des moules, puis placez-les sur le dessus. Réservez le tout au congélateur 1 nuit.

Le jour même, réalisez la crème fouettée au whisky. Fouettez la crème liquide entière avec le sucre glace. Ajoutez le whisky et fouettez de nouveau si la crème est trop liquide.

Démoulez les gâteaux et décorez de chantilly au whisky, de raisins.

COURONNE DE CHOCOLAT AUX FRUITS D'HIVER

8 PERSONNES | À COMMENCER LA VEILLE | PRÉPARATION : 45 MIN | RÉFRIGÉRATION : 12 H

INGRÉDIENTS

MOUSSE AU CHOCOLAT NOIR
300 g de chocolat noir 70 %
15 cl de crème liquide entière
3 jaunes d'œufs (60 g)
6 à 7 blancs d'œufs (200 g)
50 g de sucre semoule

GARNITURE
1 pomme reinette
1 poire pas trop mûre
5 cl de crème liquide entière
80 g de sucre semoule
3 cl d'eau
25 g de noix
25 g d'amandes entières non mondées
25 g de noisettes entières mondées

15 g de pignons de pin

CRÈME FOUETTÉE
20 c) de crème liquide entière

USTENSILES
1 thermomètre de cuisine
1 poche à douille

La veille, réalisez la mousse au chocolat noir.

Hachez et faites fondre doucement le chocolat au bain-marie ou au four à micro-ondes (position décongélation ou puissance 500 W en remuant de temps en temps). Dans une casserole, portez la crème à ébullition. Versez lentement un tiers du mélange bouillant sur le chocolat fondu. À l'aide d'une maryse, mélangez énergiquement en décrivant de petits cercles pour créer un « noyau » élastique et brillant. Incorporez alors le deuxième tiers, mélangez selon le même procédé, puis incorporez le troisième tiers selon la même méthode. Ajoutez les jaunes d'œufs pour lisser l'ensemble. Parallèlement, montez les blancs d'œufs en neige en ajoutant une toute petite partie du sucre dès le départ et le reste sur la fin. Lorsque le mélange chocolat est à 45/50 °C, incorporez un quart des blancs montés, mélangez, puis incorporez délicatement le reste. Placez la mousse au réfrigérateur 12 heures.

Le lendemain, confectionnez la garniture.

Épluchez et coupez la pomme et la poire en petits morceaux. Dans une casserole, faites chauffer la crème. Dans une autre casserole à fond épais, mettez le sucre et l'eau. Faites cuire jusqu'à l'obtention d'un caramel. Retirez la casserole du feu et, en prenant garde aux éclaboussures, ajoutez la crème chaude. Laissez bouillir quelques instants. Ajoutez alors les morceaux de pommes coupées, faites bouillir légèrement, puis ajoutez les morceaux de poire et ajoutez les fruits secs très grossièrement concassés.

Dans un saladier, fouettez la crème liquide entière froide pour lui donner une texture souple et mousseuse dite « montée mousseuse ».

Procédez au montage.

À l'aide d'une poche à douille, pochez des couronnes de mousse au chocolat sur les assiettes, accompagnez de fruits au caramel et pourquoi pas d'une noix de crème fouettée.

TRANSPARENCE CHOUCHOU FRAISE ACIDULÉE

8 PERSONNES | PRÉPARATION : 50 MIN | RÉFRIGÉRATION : 6 H | CONGÉLATION : 1 H

INGRÉDIENTS
140 g de fraises

COULIS DE FRAISE MAISON
600 g de fraises
$1/2$ jus de citron jaune
60 g de sucre semoule

NUAGE FRAISE
3 g de gélatine en feuilles
300 g de coulis de fraise maison

MOUSSE AU CHOCOLAT BLANC ET CITRON
2 g de gélatine en feuilles
150 g de chocolat blanc 35 %
8 cl de lait de soja

Le zeste de 1 citron non traité
16 cl de crème de soja

USTENSILES
1 thermomètre de cuisine
1 siphon
8 verrines

Réalisez le coulis de fraise maison.
Équeutez les fraises, lavez-les et mixez-les avec le sucre et le jus de citron pressé. Goûtez et ajoutez du sucre si nécessaire. Passez-les au chinois, puis prélevez 300 g pour le nuage fraise.

Préparez le nuage fraise.
Faites ramollir la gélatine dans un récipient rempli d'eau froide. Faites chauffer le coulis de fraise maison, ajoutez la gélatine essorée. Mélangez et réservez au réfrigérateur pendant 2 heures.

Confectionnez la mousse au chocolat blanc et citron.
Faites ramollir la gélatine dans un récipient rempli d'eau froide. Hachez le chocolat et faites-le fondre doucement au bain-marie ou au four à micro-ondes (position décongélation ou puissance 500 W en remuant de temps en temps). Dans une casserole, portez le lait de soja à ébullition et faites infuser le zeste de citron 5 minutes, filtrez et ajoutez la gélatine bien essorée.

Versez lentement un tiers du mélange bouillant sur le chocolat fondu. À l'aide d'une maryse, mélangez énergiquement en décrivant de petits cercles pour créer un « noyau » élastique et brillant. Incorporez alors le deuxième tiers, mélangez selon le même procédé, puis incorporez le troisième tiers selon la même méthode.

Dans un saladier, fouettez la crème de soja pour lui donner une texture souple et onctueuse dite « montée mousseuse ». Lorsque le mélange atteint 35/45 °C, incorporez délicatement la crème montée mousseuse.

Préparez la brunoise de fraise.
Équeutez les fraises et conservez éventuellement quelques pédoncules pour la décoration. Coupez les fraises en fine brunoise et ajoutez un peu de sucre si nécessaire.

Réalisez le montage.
Versez soigneusement le coulis de fraise maison dans des verrines. Placez 1 heure au congélateur.

Coulez la mousse au chocolat blanc et citron sur le coulis de fraise. Laissez reposer au réfrigérateur pendant 4 heures. Placez le nuage fraise en siphon. Placez 2 cartouches de gaz et agitez bien. Déposez la brunoise de fraise sur la mousse. Avant de servir, garnissez chaque verrine d'écume de fraise et décorez éventuellement avec de la brunoise et/ou un pédoncule de fraise.

CONCLUSION

La Cité du Chocolat Valrhona,
un hommage au carré qui nous fait tant craquer.

*L*a Cité du chocolat Valrhona est un lieu multisensoriel et ludique de découverte du chocolat dont la visite est un véritable itinéraire de dégustation.

En créant la Cité du chocolat à Tain l'Hermitage sur le site historique de sa chocolaterie, Valrhona souhaite transmettre toutes ses expertises et sa connaissance du chocolat d'exception.
Dans un lieu unique, le visiteur découvre toute la filière du cacao et du chocolat à travers des expériences interactives sollicitant en permanence ses cinq sens.
Autour d'une scénographie imaginée autour du goût, du geste et de la matière, il peut, notamment, écouter le son d'une cuillère s'enfonçant dans la mousse ; vibrer en touchant le relief du fruit du cacaoyer ; sentir les notes aromatiques des différents ingrédients entrant dans la composition du chocolat ; observer et reproduire les tours de main des artisans ; et bien sûr, déguster des chocolats de toutes les formes et de toutes les couleurs.

La Cité du Chocolat Valrhona permet d'explorer toute la richesse du chocolat et ses applications, et permet également d'emporter quelques secrets de ce grand fournisseur de matières d'exception.

INDEX

INDEX
TOURS DE MAIN

Crème pâtissière au chocolat	30
Crémeux au chocolat	29
Enrobage	18
Fonte du chocolat	10
Ganache à cadrer	21
Moulage classique	17
Mousse au chocolat à base de blanc d'œufs	25
Mousse au chocolat sans œufs	26
Pâte à cake au chocolat	22
Sauce chocolat	33
Tempérage par ensemencement	13

INDEX
RECETTES

Brownie	83
Bûche praliné noisette	88
Café con choco	53
Cake chocolat-banane, raisins au rhum blanc	79
Cake chocolat-pistache, streuzel amandes-anis	76
Cherry chérie	107
Chocolat chaud à l'amande	48
Chocolat chaud au thé Earl Grey	50
Chocolat chaud aux épices	49
Chocolat chaud noisette	51
Chocolat chaud traditionnel	47
Chocolat thé	54
Churros du désert, chocolat au lait-gingembre	72
Cœur de truffes	61
Comme un namachoco	119
Confiture très choco-lactée	57
Cookies	155
Coulant au chocolat	39
Coulants de chocolat tiède, banane crousti-fondante	40
Couronne de chocolat aux fruits d'hiver	177
Cupcakes	84
Éclairs au chocolat	68
Entremets palet or	104

Financiers au chocolat noir, streuzel agrumes et oranges confites	80	Pannacotta Dulcey	156
Fingers au chocolat et noix de pécan	99	Pannacotta ivoire à la fève de tonka, coulis de fraise	116
Fondue au chocolat noir	58	Pâte à tartiner maison	43
Forêt noire	64	Petits pots de crème au chocolat, gelée de café	44
Gaufres chocolat	75	Profiteroles au chocolat	108
Gelée lactée, marron et écume de soja	124	Règles d'or	139
Glasgow	174	Rochers	100
Gourmandises de mandarine	128	Royal	132
Klemanga	92	Soufflé au chocolat	71
Madeleines fourrées au Gianduja	87	Spoon chocolat caramel	169
Manhattan cappuccino	103	Tablettes aux fruits frais	147
Marbré chocolat-vanille	67	Tablettes congolaises	148
Méli-mélo de fruits exotiques, crémeux de chocolat blanc au citron vert	152	Tarte ananas et mangue à la coriandre fraîche	162
Mendiants	95	Tarte au chocolat	112
Mignardises poire-caramel lactées	170	Tarte au chocolat servie chaude	127
Mister clown	173	Tarte aux noix caramel et chocolat	140
Mousse au chocolat noir	165	Tarte extraordinairement chocolat	136
Mousse ivoire fleur d'oranger, cœur praliné	166	Tarte soleil poires-chocolat	131
Ondulés noisette	115	Tartelettes autrement	143
Orangettes	96	Tartelettes chocolat-clémentine et fleur d'oranger	161
Palets chocolat au lait-caramel	91	Transparence chocolat, crème brûlée, confiture de fruits rouges	123
Palets or	151	Transparence chocolat-café-crème	144
Pannacotta chocolat noir à l'ananas, écume coco-citronnelle	120	Transparence chouchou fraise acidulée	178

TABLE DES MATIÈRES

COULANT

Coulant au chocolat	39
Coulants de chocolat tiède, banane crousti-fondante	40
Pâte à tartiner maison	43
Petits pots de crème au chocolat, gelée de café	44
Chocolat chaud traditionnel	47
Chocolat chaud à l'amande	48
Chocolat chaud aux épices	49
Chocolat chaud au thé Earl Grey	50
Chocolat chaud noisette	51
Café con choco	53
Chocolat thé	54
Confiture très choco-lactée	57
Fondue au chocolat noir	58
Cœur de truffes	61

MOELLEUX

Forêt noire	64
Marbré chocolat-vanille	67
Éclairs au chocolat	68
Soufflé au chocolat	71
Churros du désert, chocolat au lait-gingembre	72
Gaufres chocolat	75
Cake chocolat-pistache, streuzel amandes-anis	76
Cake chocolat-banane, raisins au rhum blanc	79
Financiers au chocolat noir, streuzel agrumes et oranges confites	80
Brownie	83
Cupcakes	84
Madeleines fourrées au Gianduja	87
Bûche praliné noisette	88
Palets chocolat au lait-caramel	91
Klemanga	92
Mendiants	95
Orangettes	96
Fingers au chocolat et noix de pécan	99
Rochers	100
Manhattan cappuccino	103
Entremets palet or	104
Cherry chérie	107
Profiteroles au chocolat	108

FONDANT

Tarte au chocolat 112

Ondulés noisette 115

Pannacotta ivoire à la fève de tonka,
coulis de fraise 116

Comme un namachoco 119

Pannacotta chocolat noir à l'ananas,
écume coco-citronnelle 120

Transparence chocolat, crème brûlée,
confiture de fruits rouges 123

Gelée lactée, marron et écume de soja 124

Tarte au chocolat servie chaude 127

Gourmandises de mandarine 128

Tarte soleil poires-chocolat 131

Royal 132

CROQUANT

Tarte extraordinairement chocolat 136

Règles d'or 139

Tarte aux noix caramel et chocolat 140

Tartelettes autrement 143

Transparence chocolat-café-crème 144

Tablettes aux fruits frais 147

Tablettes congolaises 148

Palets or 151

Méli-mélo de fruits exotiques, crémeux
de chocolat blanc au citron vert 152

Cookies 155

Pannacotta Dulcey 156

MOUSSEUX

Tartelettes chocolat-clémentine
et fleur d'oranger 161

Tarte ananas et mangue
à la coriandre fraîche 162

Mousse au chocolat noir 165

Mousse ivoire fleur d'oranger,
cœur praliné 166

Spoon chocolat caramel 169

Mignardises poire-caramel lactées 170

Mister clown 173

Glasgow 174

Couronne de chocolat
aux fruits d'hiver 177

Transparence chouchou
fraise acidulée 178

Achevé d'imprimer en septembre 2013
par Macrolibros, Espagne